成渝地区双城经济圈
绿色协同发展研究

刘　磊 / 主著

西南财经大学出版社
中国·成都

图书在版编目(CIP)数据

成渝地区双城经济圈绿色协同发展研究/刘磊主著.—成都:西南
财经大学出版社,2023.11
ISBN 978-7-5504-5991-5

Ⅰ.①成… Ⅱ.①刘… Ⅲ.①区域经济发展—研究—成都②区域
经济发展—研究—重庆 Ⅳ.①F127.711②F127.719

中国国家版本馆 CIP 数据核字(2023)第 208530 号

成渝地区双城经济圈绿色协同发展研究

CHENGYU DIQU SHUANGCHENG JINGJI QUAN LÜSE XIETONG FAZHAN YANJIU

刘 磊 主著

策划编辑:肖 翀
责任编辑:肖 翀
责任校对:周晓琬
封面设计:墨创文化
责任印制:朱曼丽

出版发行	西南财经大学出版社(四川省成都市光华村街 55 号)
网 址	http://cbs.swufe.edu.cn
电子邮件	bookcj@swufe.edu.cn
邮政编码	610074
电 话	028-87353785
照 排	四川胜翔数码印务设计有限公司
印 刷	四川煤田地质制图印务有限责任公司
成品尺寸	170mm×240mm
印 张	12.5
字 数	205 千字
版 次	2023 年 11 月第 1 版
印 次	2023 年 11 月第 1 次印刷
书 号	ISBN 978-7-5504-5991-5
定 价	78.00 元

本书主要编撰人员

刘磊　田明霞　陈婷　陈雪

序

当前，全球面临气候变化、环境污染、生物多样性被破坏等严峻的生态环境问题，走绿色发展的道路已成为各国共识。绿色发展是顺应自然、促进人与自然和谐共生的发展，是高质量、可持续的发展。作为世界上最大的发展中国家，近年来，中国牢固树立和践行"创新、协调、绿色、开放、共享"以及"绿水青山就是金山银山"的发展理念，站在人与自然和谐共生的高度谋划发展，努力为落实联合国2030年可持续发展议程、共建繁荣清洁美丽的世界贡献中国智慧和中国力量。

2017年，党的十九大报告提出将区域协调发展战略上升为国家战略。2022年，党的二十大报告再次提出要深入实施区域协调发展战略，以城市群、都市圈为依托构建大中小城市协调发展格局。作为区域高质量发展和协同发展的重要载体，我国目前共布局了19个国家级城市群，形成了"两横三纵"的城市化战略格局。城市群作为国家经济发展的重要引擎，应坚定不移地贯彻新发展理念，探索绿色化的区域协同发展之路。

成渝地区在我国的区域经济社会发展格局中一直占据着重要的战略地位。早在"十五"中期，国家发展和改革委员会（以下简称"国家发展改革委"）就展开了对成渝经济区的布局规划。2011年5月，国家发展改革委印发《成渝经济区区域规划》，强调打造以重庆和成都为双核的西部地区重要经济中心，促进区域协调发展。2016年4月，国家发展改革委和住房城乡建设部（以下简称"住建部"）印发了《成渝城市群发展规划》，提出要将成渝城市群建设成为具有国际竞争力的

1

国家级城市群。2021 年 10 月，中共中央、国务院印发《成渝地区双城经济圈建设规划纲要》，标志着成渝地区双城经济圈建设正式上升为国家战略。从成渝经济区的"区"到成渝城市群的"群"，再到成渝地区双城经济圈的"圈"，不仅体现的是名称上的变化，更不断凸显出成渝地区在国家区域发展战略中的重要性。

作为我国经济增长的第四极和长江经济带的重要组成部分，成渝地区双城经济圈的发展直接影响着我国西部地区乃至全国的经济社会发展态势。研究成渝地区双城经济圈的绿色协同发展，不仅能够帮助我们更清晰地了解本区域的绿色发展和区域协同发展状况，而且对于深化区域绿色协同发展理论并为其他区域发展提供参考借鉴都具有重要意义。因此，本书在广泛的数据收集和调研的基础上，采用多种研究方法，全面梳理了成渝地区双城经济圈的绿色发展现状，分析了成渝地区双城经济圈绿色协同发展的政策演进情况，预测识别了成渝地区双城经济圈的碳达峰路径，测算分析了成渝地区双城经济圈的绿色协同发展水平及其影响因素；并在此基础上，剖析了成渝地区双城经济圈绿色协同发展面临的挑战，提出了相应的应对策略。

本书的研究和出版得到了"四川大学'成渝地区双城经济圈建设计划'专项课题（重大项目）：基于社会网络与府际合作治理理论的成渝双城经济圈协同绿色发展研究（SCJJ-15）"的资助。除主要作者外，唐美琳和晋文然也在书稿的完成过程中提供了有力的研究支持。此外，衷心感谢四川省生态环境厅、重庆市生态环境局、四川省环境政策研究与规划院、四川省环境工程评估中心、内江市生态环境局、成都市新津区生态环境局等单位的相关专家接受我们的访谈，他们为本研究的完成提供了丰富的实践信息支持。

刘磊　田明霞　陈婷　陈雪

2023 年 9 月 17 日

目　录

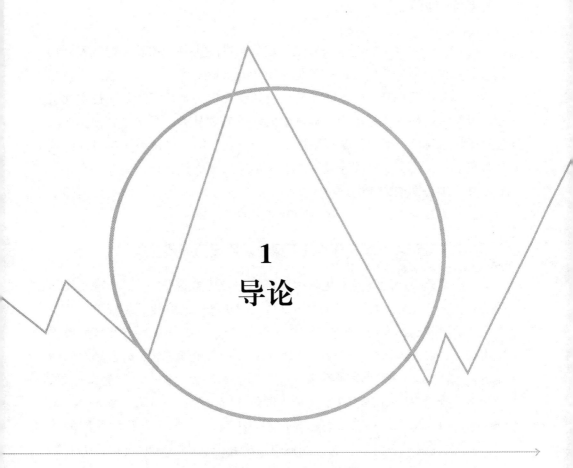

1
导论

1.1 研究背景

党的二十大报告提出，未来五年是全面建设社会主义现代化国家开局起步的关键时期，主要目标任务是：经济高质量发展取得新突破，科技自立自强能力显著提升，构建新发展格局和建设现代化经济体系取得重大进展；城乡人居环境明显改善，美丽中国建设成效显著；等等。其中，推动成渝地区双城经济圈建设是促进区域协调发展、加快构建新发展格局的重要任务之一。而美丽中国建设则要着力推进生态优先、节约集约、绿色低碳发展，加快发展方式的绿色转型。因此，走区域绿色协同发展的道路是高质量、高标准建设成渝地区双城经济圈的必然要求。

1.1.1 全球生态环境危机下绿色发展成为时代主题

人类活动造成的气候变化与生态环境恶化已成为 21 世纪全球发展面临的最大挑战之一。1750 年工业革命以来，机器生产取代了传统手工业生产，工业科技迅速发展。但同时，生产力的快速提高却对生态环境造成了巨大破坏，如水体污染、空气污染和气候变暖等，加剧了人与自然之间的矛盾，也让人们逐渐意识到不能以牺牲环境质量为代价来换取经济成果，而应走可持续发展的道路。1987 年，世界环境与发展委员会（World Commission on Environment and Development，WCED）出版了《我们共同的未来》，正式提出"可持续发展"的概念，将其定义为"既满足当代人的需要，又不对后代人满足其需要的能力构成危害的发展"（WCED，1987）。

1989 年，英国环境经济学家大卫·皮尔斯（David Pierce）在《绿色经济的蓝图：获得全球环境价值》一书中首次提出了"绿色经济"的概念。他认为绿色经济是以市场为导向、以传统产业经济为基础，为适应人类环保与健康需要而产生并表现出来的一种发展状态。显然，绿色经济的概念不单纯聚焦于环境保护，更关注环境与经济的协调发展。1993 年，联合国统计司（United Nations Statistics Division，UNSD）提出了综合环境与经济核算体系（System of Integrated Environmental and Economic Accounts，SEEA），为世界各国建立绿色国民经济核算框架提供了科学指导（高敏雪，2005）。2008 年 10 月，联合国环境规划署（United Nations Environment

Programme，UNEP）为应对金融危机发起了绿色新政和绿色经济倡议，强调"绿色化"是经济增长的引擎，呼吁各国大力发展绿色经济、转变经济增长模式，并发起"全球绿色新政和绿色经济计划"，旨在使世界各国领导者认识到经济的绿色化不是增长的负担，而是增长的引擎（张梅，2013）。联合国环境规划署认为"绿色经济"应该是既可以提升人类福祉和社会公平性，又能降低环境风险和生态稀缺性的一种经济模式（陆凤芝等，2022；姚进才 等，2023；岳立 等，2022）。

2002 年，联合国开发计划署（United Nations Development Programme，UNDP）发布的《让绿色发展成为一种选择》首次提出了"绿色发展"的概念，指出绿色发展道路与传统"经济增长优先"的粗放型模式不同，是用最小资源环境代价取得最大经济社会效益的发展（联合国开发计划署，2002）。经济合作与发展组织（Organization for Economic Co-operation and Development，OECD）将"绿色发展"定义为一种既能保证为人类幸福提供永续的资源和环境服务，同时还能兼顾经济增长的发展模式。在过去几十年中，各国政府和研究者构建了多套绿色发展评价指标体系，旨在将绿色发展概念从理论推向实践（郑红霞 等，2013；向书坚 等，2013）。在这个过程中，绿色发展理念得到进一步拓展，由早期关注"环境—经济"的协调统一过渡到"环境—经济—社会"的全面协调发展。

在我国，绿色发展被确立为"十三五"新发展理念之一，成为经济新常态下的战略选择。2016 年 12 月，中共中央办公厅印发的《生态文明建设目标评价考核办法》明确要求开展生态文明建设年度评价，评价依据国家发展改革委、统计局等四部委印发的《绿色发展指标体系》实施。2021 年 2 月，国务院发布了《关于加快建立健全绿色低碳循环发展经济体系的指导意见》，强调促进经济社会发展全面向绿色转型是解决我国资源环境生态问题的基础。党的二十大报告提出要推动绿色发展，促进人与自然和谐共生。2023 年 1 月，国务院新闻办公室发布《新时代的中国绿色发展》白皮书，指出中国将积极参与全球环境与气候治理，为共同构建人与自然生命共同体、共建繁荣清洁美丽的世界贡献中国智慧和中国力量。

1.1.2 区域协同是提升绿色发展水平的关键路径

绿色发展为破解我国传统发展模式下的环境恶化困境提供了一种新的

思路（方应波，2021；者彩虹 等，2022）。然而，由于我国幅员辽阔，区域之间的经济社会发展差异较大，限制了整体绿色发展水平的提高。例如，部分地区积极推动传统产业改造升级、优化能源结构，绿色发展效果显著；而部分地区则仍然以高能耗、高污染、低产出的产业为主导，绿色发展水平较低。在这一点上，习近平总书记提出的区域协同发展理念为新时代的经济社会绿色发展提供了方法论上的指导（黄志斌 等，2022；王朝科 等，2023）。据此，本研究提出绿色协同发展的概念，即通过资源整合的方式，加强区域一体化建设，缩小区域间的差距，从而提高区域的绿色发展协同度和整体绿色发展水平（李旭辉 等，2023；滕堂伟 等，2019；肖黎明 等，2019）。

随着全球经济一体化及信息通信技术飞速发展，跨域性的公共问题不断凸显，以行政区为基础的传统社会治理模式与更加复杂和多样的跨域性问题之间的矛盾引起了公共管理学界的广泛关注（胡佳，2011）。从公共资源的使用角度看，在达到环境破坏的临界点之前，区域内的每个城市都能够获得环境资源使用产生的收益，而不用为此付出成本。从环境治理的角度看，绿色发展是具有正外部性的公共事务，一个城市针对绿色治理做出的努力和得到的成果将使周边地区都能够获得一定收益，从而削弱这些地区实施绿色治理的主动性，导致协作乏力的现象普遍存在，进而引发"公地悲剧"与"治理失灵"（阳晓伟 等，2019；李国平 等，2016）。在实践中，谋求地方经济利益在很大程度上仍然是我国地方政府追求的首要目标。在此目标压力下，各个城市发展自成体系。城市间客观上的发展不平衡以及主观上的竞争关系导致区域绿色协同发展困难重重。例如，大气污染、流域水污染等跨区域治理问题引发了地方政府间的责任推诿及治理失效。协同机制不够健全导致自然资源利用效率低下，一些地区自然资源丰富但未能得到充分利用，而另一些地区自然资源利用过度导致生态系统退化形势严峻。这些问题的解决需要各级政府在纵横交错的府际关系中探索深层次的合作机制，努力从"分而治之"走向"合作治理"，形成网络化、整体化的新型府际关系（韩兆柱 等，2014）。国内外通过区域合作开展绿色治理的案例层出不穷，例如黄河流域生态环境治理（周伟，2021）、英国伦敦的雾霾治理（杨拓 等，2014）、欧洲莱茵河流域治理等（王思凯 等，2018）。

1.1.3　成渝地区双城经济圈绿色协同发展是构建新发展格局的重要任务

中央一直高度重视成渝地区的发展。1999年9月，党的十五届四中全会正式提出"西部大开发"战略。成渝地区是西部大开发中重要的战略节点。随着西部大开发的持续推进，成渝地区各城市间的合作发展也日渐密切。2006年，国家发展改革委、国务院西部地区开发领导小组办公室组织编制《西部大开发"十一五"规划》，首次提出要推进包括成渝经济区在内的重点经济区率先发展。四川省和重庆市在2007年4月签订的《关于推进川渝合作、共建成渝经济区的协议》中首次确定了"成渝经济区"的地理范围，并提出以重庆、成都为龙头共同将成渝经济区建成全国新的经济增长极。2011年，国务院批复、国家发展改革委印发《成渝经济区区域规划》，提出力争到2015年，使成渝经济区经济实力显著增强，建成西部地区重要的经济中心和全国重要的现代产业中心。2016年，国家发展改革委和住建部联合印发《成渝城市群发展规划》，明确到2020年成渝城市群要基本建成经济充满活力、生活品质优良和生态环境优美的国家级城市群。2021年10月20日中共中央、国务院印发《成渝地区双城经济圈建设规划纲要》，推动成渝地区双城经济圈建设正式成为构建新发展格局的国家战略，为成渝地区双城经济圈协同发展奠定了基调。随后，中央和川渝各级政府在金融、交通、生态等领域陆续出台多个文件，对成渝地区双城经济圈协同发展的具体目标和任务进行了系统规划。例如2021年12月发布的《成渝共建西部金融中心规划》、2021年12月发布的《成渝地区双城经济圈多层次轨道交通规划》，以及2022年2月发布的《成渝地区双城经济圈生态环境保护规划》等。

在地方层面，川渝两地也通过深化多方面合作，积极推动区域协同发展。例如，2015年5月21日，重庆市和四川省签署《关于加强两省市合作共筑成渝城市群工作备忘录》，决定支持城市群交通基础设施建设、支持城市群一体化发展、支持城市群打造为全国重要的现代产业基地。2020年8月24日，重庆市和四川省联合发布《关于推动成渝地区双城经济圈建设的若干重大改革举措》，聚焦制约成渝地区双城经济圈高质量建设发展的深层次矛盾和体制性障碍，提出探索经济区和行政区适度分离综合改革、完善川渝自贸试验区协同开放示范区体制机制、推进城乡融合发展改革示范和健全生态环境联防联控机制等 11 项需两省市协同推进的重大改革举措。2022 年 9 月 9 日，四川省政府发布《四川省推动成渝地区双城经济圈建设生态环境保护专项规划》，旨在把生态环境保护纳入成渝地区双城经济圈建设规划，推动两地生态环境共建共保，从根本上促进经济社会、自然资源与生态环境的协调发展。

当前，成渝地区双城经济圈的绿色发展稳步推进，但城市间绿色发展水平仍然存在较大差异。加快推动成渝地区双城经济圈绿色协同发展，有利于长江上游和西部地区的生态环境保护，促进西部地区形成"优势区域重点发展、生态功能区重点保护"的新发展格局。

1.2　研究内容

1.2.1　解析绿色发展内涵并展现成渝地区双城经济圈绿色发展现状

基于国内外学者对绿色发展的概念与内涵的界定，以及绿色发展水平的测度方法，本研究从经济增长绿化度、资源环境承载力和政府政策支持度三个方面，对成渝地区双城经济圈 2000—2020 年的绿色发展状况进行了全面系统的分析展示。

1.2.2　梳理成渝地区双城经济圈绿色协同发展的政策演进路径

本研究对近年来成渝地区双城经济圈绿色协同发展的府际协议和政策文本进行了全面梳理，基于文本分析方法，从整体概况、合作网络、主题内容及共现关系等方面对府际协议和政策文本进行深入挖掘，以期理解成渝地区双城经济圈绿色协同发展的政策演进规律、明确政策影响范围、把握政策发展趋势。

1.2.3　模拟分析成渝地区双城经济圈的碳达峰路径

在"双碳"战略背景下，本研究对成渝地区双城经济圈及其各市（区、县）的碳排放影响因素进行了分解分析，在此基础上根据成渝地区双城经济圈及其各市（区、县）的社会经济发展状况、能源消耗、节能减排政策及发展规划等设定五种碳排放情景，通过静态的多情景分析与蒙特卡洛动态模拟，探索成渝地区双城经济圈未来的碳排放演化趋势和碳减排潜力，识别成渝地区双城经济圈及其各市（区、县）实现 2030 年碳达峰目标的最可能路径与最优路径。

1.2.4 测算成渝地区双城经济圈绿色协同发展水平并识别影响因素

在辨析区域绿色协同发展水平的概念及内涵的基础上，基于复合系统协同度模型，本研究对成渝地区双城经济圈 2000—2020 年的绿色协同发展水平进行了科学评价与分析，并探究了其影响因素，包括绿色发展基础差异、绿色发展系统的有序度、府际合作的深度和广度，以及纵向行政力量干预等。

1.2.5 分析成渝地区双城经济圈绿色协同发展面临的挑战并提出应对策略

从区域整体视角出发，基于文本资料与调查访谈，本研究提出了目前成渝地区双城经济圈绿色协同发展存在的问题，包括"中部塌陷"现象、"产业同构"导致发展资源浪费、区域碳达峰形势严峻和政府绿色协同治理存在壁垒等。在此基础上，本研究提出了针对性的应对策略，包括合理规划成渝地区双城经济圈协同发展布局、调整优化成渝地区双城经济圈产业发展结构、加大节能减排力度和加快推动成渝地区双城经济圈绿色协同共治等。

参考文献

方应波，2021. 我国绿色发展评价指标体系研究综述：基于文献计量与社会网络分析 [J]. 科技管理研究，41 (18)：73-79.

高敏雪，2005. 从联合国有关手册看环境经济核算的国际研究进程 [J]. 当代经济管理 (3)：73-75.

韩兆柱，单婷婷，2014. 基于整体性治理的京津冀府际关系协调模式研究

[J]. 行政论坛, 21 (4): 32-37.

胡佳, 2011. 跨行政区环境治理中的地方政府协作研究 [D]. 上海: 复旦大学.

黄志斌, 高慧林, 2022. 习近平生态文明思想: 中国化马克思主义绿色发展观的理论集成 [J]. 社会主义研究 (3): 56-65.

李国平, 王奕淇, 2016. 地方政府跨界水污染治理的"公地悲剧"理论与中国的实证 [J]. 软科学, 30 (11): 24-28.

李旭辉, 王经伟, 2023. 共同富裕目标下中国城乡建设绿色发展的区域差距及影响因素 [J]. 自然资源学报, 38 (2): 419-441.

联合国开发计划署, 2002. 绿色发展必选之路: 中国人类发展报告 2002 [M]. 北京: 中国财政经济出版社.

陆凤芝, 王群勇, 2022. 产业协同集聚如何影响绿色经济效率? 来自中国城市的经验证据 [J]. 经济体制改革 (6): 174-182.

皮尔斯, 1997. 绿色经济的蓝图: 获得全球环境价值 [M]. 徐少辉, 等译. 北京: 北京师范大学出版社.

滕堂伟, 孙蓉, 胡森林, 2019. 长江经济带科技创新与绿色发展的耦合协调及其空间关联 [J]. 长江流域资源与环境, 28 (11): 2574-2585.

王朝科, 吴家莉, 刘泮, 2023. 习近平总书记关于促进区域协调发展的若干重要论断 [J]. 上海经济研究 (2): 5-23.

王思凯, 张婷婷, 高宇, 等, 2018. 莱茵河流域综合管理和生态修复模式及其启示 [J]. 长江流域资源与环境, 27 (1): 215-224.

向书坚, 郑瑞坤, 2013. 中国绿色经济发展指数研究 [J]. 统计研究, 30 (3): 72-77.

肖黎明, 李洄旭, 肖沁霖, 等, 2019. 中国区域绿色创新与绿色发展的协同及互动: 基于耦合协调与 PVAR 模型的检验 [J]. 科技管理研究, 39 (20): 9-20.

阳晓伟, 杨春学, 2019. "公地悲剧"与"反公地悲剧"的比较研究 [J]. 浙江社会科学 (3): 4-13.

杨拓, 张德辉, 2014. 英国伦敦雾霾治理经验及启示 [J]. 当代经济管理, 36 (4): 93-97.

姚进才, 袁晓玲, 2023. 黄河流域城市群绿色经济效率区域差异及收敛性研

究 [J]. 贵州社会科学（1）：134-143.

岳立，任婉瑜，曹雨暄，2022. 异质型环境规制对绿色经济的影响研究：基于绿色创新的中介效应分析 [J]. 软科学，36（12）：57-64.

张梅，2013. 绿色发展：全球态势与中国的出路 [J]. 国际问题研究（5）：93-102.

者彩虹，韩燕，2022. 黄河流域绿色发展效率时空分异与空间驱动 [J]. 统计与决策，38（21）：87-92.

郑红霞，王毅，黄宝荣，2013. 绿色发展评价指标体系研究综述 [J]. 工业技术经济，33（2）：142-152.

周伟，2021. 黄河流域生态保护地方政府协同治理的内涵意蕴、应然逻辑及实现机制 [J]. 宁夏社会科学（1）：128-136.

WCED, 1987. Our common future [M]. Oxford：Oxford University Press.

2
成渝地区双城经济圈
绿色发展现状

2.1 绿色发展的概念与内涵

绿色发展的概念从一系列相关理论和概念逐步演变发展而来。1966年，美国学者鲍尔丁（Kenneth E. Boulding）提出了宇宙飞船经济理论，将地球比作茫茫太空中一艘小小的宇宙飞船，人口和经济的无序增长会耗尽船内有限的资源，生产和消费过程中排出的废料也会污染飞船，毒害船内的乘客，此时飞船会坠落，社会也将随之崩溃（Boulding, 1966；郭夏，2010；黄晶 等，2022）。1989年，英国环境经济学家大卫·皮尔斯在《绿色经济的蓝图：绿化世界经济》一书中首次提出"绿色经济"的概念。2002年，联合国开发计划署在《让绿色发展成为一种选择》中首次提出"绿色发展"的概念。清华大学胡鞍钢认为绿色发展的理念来源于三个方面：一是中国古代"天人合一"的智慧成为现代的天人合一观，即源于自然、顺其自然、益于自然、反哺自然，人类与自然共生、共处、共存、共荣，呵护人类共有的绿色家园；二是马克思主义自然辩证法成为现代的唯物辩证法；三是可持续发展成为现代工业文明的发展观。三者交融贯通，形成绿色哲学观、自然观、历史观和发展观（胡鞍钢，2004；胡鞍钢 等，2005；胡鞍钢，2022）。

纵观已有研究，绿色发展目前并没有一个统一和公认的定义。学者们对绿色发展的认识经历了从"环境—经济"二元论到"环境—经济—社会"三元论，再到"资源—环境—经济—社会"或"政治—环境—经济—文化"的多元论。例如，李晓西等（2011）认为，绿色发展是资源高效与节约的发展，是环境被保护与清洁的发展，是经济与社会永久性可持续的发展。诸大建（2012）认为，绿色发展的本质就是通过减少自然资本消耗、增加人力资本来实现经济发展。王玲玲等（2012）认为绿色发展是一个系统概念，包括绿色环境发展、绿色经济发展、绿色政治发展和绿色文化发展四个子系统。甄霖等（2013）认为绿色发展是一种以人为本的可持续发展方式，重视经济增长与环境保护的统一与协调，在进行经济决策时应纳入环境目标。胡鞍钢等（2014）则强调经济系统、社会系统与自然系统的共生性，即达到系统化、整体化和协调化的程度。车磊等（2018）认为绿色发展是以提升生活质量为核心，在尊重、保护和高效利用资源环境的基础上，更多、更好、更节约、可持续地创造经济财富，增进社会福祉的发展模式。虽然不同概念界定的侧重点各有不同，但总体来说，绿色发展的本质是要建立经济稳定增长、资源高效利用、环境清洁友善、城市和谐包容的社会生态系统。在认识和界定绿色发展概念的基础上，为进一步深化绿色发展的内涵并构建绿色发展的具体维度，国内外相关研究机构开发了一系列绿色发展指标体系，如表2-1所示。

表2-1　国内外关于绿色发展的评价体系

研究机构	评价体系	一级指标
中国国际经济交流中心、世界自然基金会	中国省级绿色经济指标体系	社会和经济发展
		资源环境可持续
		绿色转型驱动
国家发展和改革委员会、国家统计局、生态环境部、中央组织部	绿色发展指标体系	资源利用
		环境质量
		环境治理
		增长质量
		生态保护
		绿色生活
		公众满意度
北京师范大学、西南财经大学、国家统计局中国经济景气监测中心	《中国绿色发展指数年度报告——省级比较》：中国绿色发展指数指标体系	经济增长绿化度
		资源环境承载潜力
		政府政策支持度
联合国环境规划署	《绿色经济：迈向绿色经济的测度》：UNEP绿色经济发展指标体系	环境主题
		政策干预
		人类福祉
		社会公平
经济合作与发展组织	OECD绿色发展指标体系	环境和资源生产率
		自然资产基础
		生活质量的环境因素
		经济机遇
		政策应对

2.2 成渝地区双城经济圈绿色发展概况

2020年10月，中共中央政治局审议通过《成渝地区双城经济圈建设规划纲要》，明确成渝地区双城经济圈的范围包括重庆市的中心城区及万州、涪陵、綦江、大足、黔江、长寿、江津、合川、永川、南川、璧山、铜梁、潼南、荣昌、梁平、丰都、垫江、忠县等27个区（县）以及开州、云阳的部分地区，四川省的成都、自贡、泸州、德阳、绵阳（除平武县、北川县）、遂宁、内江、乐山、南充、眉山、宜宾、广安、达州（除万源市）、雅安（除天全县、宝兴县）、资阳15个市。

参考现有研究并考虑到数据的可得性，本研究从经济增长绿化度、资源环境承载力和政府政策支持度三个方面，对成渝地区双城经济圈2000—2020年的绿色发展概况进行介绍。

2.2.1 经济增长绿化度

经济增长绿化度，反映的是经济发展对资源消耗以及对自然环境的影响程度，主要包括经济增长效率和产业发展效率两个方面。

2.2.1.1 经济增长效率

（1）人均国内生产总值

如图2-1所示，2000—2020年，成渝地区双城经济圈各城市的人均国内生产总值（gross domestic product，GDP）稳步增长。其中，增长最快的是南充市，从2000年的0.25万元提高到2020年的4.25万元，年均增长15.23%；其次是遂宁市，从2000年的0.32万元提高到2020年的4.95万元，年均增长14.73%；宜宾市位居第三，从2000年的0.40万元提高到2020年的6.12万元，年均增长14.66%。人均GDP年均增长速度最慢的是成都市，从2000年的1.30万元提高到2020年的8.57万元，年均增长9.88%。就2020年来看，人均GDP最高的是成都市和重庆市，分别为8.57万元和7.83万元；而人均GDP最低的是资阳市，仅为3.48万元。2020年成都市人均GDP约为资阳市的2.46倍。

从整体角度看，2000—2020年，成渝地区双城经济圈的人均GDP从

2000 年的 0.47 万元上升到 2020 年的 5.51 万元，年均增长 13.07%。但就现状来看，成渝地区双城经济圈的人均 GDP 仍然低于其他主要城市群，如长江三角洲城市群（9.21 万元）、珠江三角洲城市群（7.87 万元）以及京津冀城市群（6.18 万元）；同时，也低于全国平均水平（7.18 万元）。

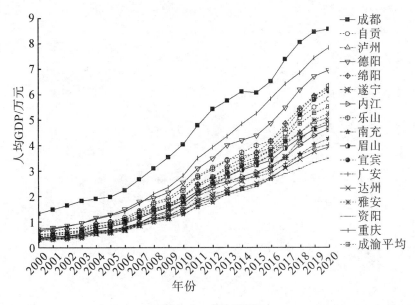

图 2-1　人均 GDP

（数据来源：《四川省统计年鉴》《重庆市统计年鉴》《中国城市统计年鉴》）

（2）单位 GDP 能耗

如图 2-2 所示，2005—2020 年，成渝地区双城经济圈各城市的单位 GDP 能耗均呈现下降趋势。其中，单位 GDP 能耗年均下降速度最快的是重庆市，从 2005 年的 1.42 吨标准煤/万元下降到 2020 年的 0.39 吨标准煤/万元，年均下降 8.24%；其次是自贡市，从 2005 年的 1.61 吨标准煤/万元下降到 2020 年的 0.71 吨标准煤/万元，年均下降 5.28%；再次是眉山市，从 2005 年的 2.16 吨标准煤/万元下降到 2020 年的 0.96 吨标准煤/万元，年均下降 5.23%。单位 GDP 能耗下降速度最慢的是成都市，从 2005 年的 1.01 吨标准煤/万元下降到 2020 年的 0.57 吨标准煤/万元，年均下降 3.70%。就 2020 年来看，单位 GDP 能耗最低的是重庆市，仅为 0.39 吨标准煤/万元；成都市次之，为 0.57 吨标准煤/万元；广安市最高，单位 GDP 能耗达到 1.34 吨标准煤/万元。

从整体角度看，2005—2020 年，成渝地区双城经济圈的单位 GDP 能耗从 2005 年的 1.83 吨标准煤/万元下降到 2020 年的 0.86 吨标准煤/万元，年均下降 4.89%。就现状来看，成渝地区双城经济圈的单位 GDP 能耗仍然高于全国平均水平（0.55 吨标准煤/万元）。

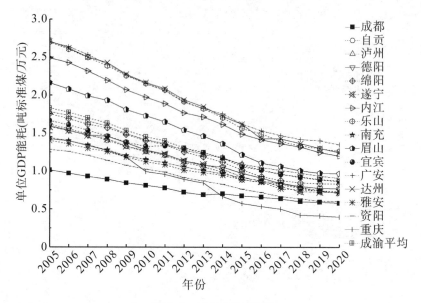

图 2-2　单位 GDP 能耗

（数据来源：《四川省统计年鉴》《重庆市统计年鉴》）

（3）单位 GDP 二氧化碳排放量

如图 2-3 所示，2000—2019 年，成渝地区双城经济圈各城市的单位 GDP 二氧化碳排放量总体呈现下降趋势。其中，下降速度最快的是雅安市，其单位 GDP 二氧化碳排放量从 2000 年的 4.35 吨/万元下降到 2019 年的 0.77 吨/万元，年均下降 8.69%；其次是宜宾市，从 2000 年 1.58 吨/万元下降到 2019 年 0.29 吨/万元，年均下降 8.47%；泸州市排名第三，从 2000 年的 1.81 吨/万元下降到 2019 年的 0.37 吨/万元，年均下降 8.06%。单位 GDP 二氧化碳排放量年均下降速度最慢的是资阳市，从 2000 年的 1.34 吨/万元下降到 2019 年的 0.99 吨/万元，年均下降 1.60%。就 2019 年现状而言，单位 GDP 二氧化碳排放量最低的是宜宾市，为 0.29 吨/万元，其次是自贡市（0.33 吨/万元）。单位 GDP 二氧化碳排放量最高的是资阳市，达到 0.99 吨/万元。

　　从整体角度看，2000—2019 年，成渝地区双城经济圈的单位 GDP 二氧化碳排放量从 2000 年的 1.76 吨/万元下降到 2019 年的 0.62 吨/万元，年均下降 5.36%。就 2019 年现状而言，成渝地区双城经济圈的单位 GDP 二氧化碳排放量低于全国平均水平（0.99 吨/万元）。

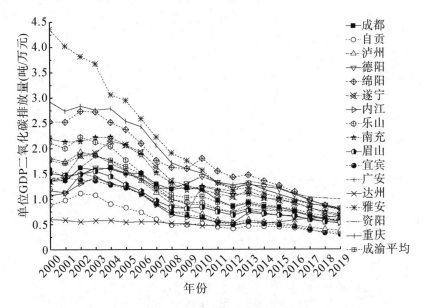

图 2-3　单位 GDP 二氧化碳排放量

（数据来源：《四川省统计年鉴》《重庆市统计年鉴》《中国城市统计年鉴》）

（4）单位 GDP 二氧化硫排放量

　　如图 2-4 所示，2003—2020 年，成渝地区双城经济圈各城市的单位 GDP 二氧化硫排放量总体保持下降。其中，下降速度最快的是达州市，从 2003 年的 486.01 吨/亿元下降到 2020 年的 1.19 吨/亿元，年均下降 29.78%；其次是成都市，从 2003 年的 73.77 吨/亿元下降到 2020 年的 0.23 吨/亿元，年均下降 28.83%；再次是广安市，从 2003 年的 375.18 吨/亿元下降到 2020 年的 1.61 吨/亿元，年均下降 27.43%。单位 GDP 二氧化硫排放量下降速度最慢的是雅安市，从 2003 年的 49.63 吨/亿元下降到 2020 年的 3.41 吨/亿元，年均下降 14.57%。就 2020 年现状而言，单位 GDP 二氧化硫排放量最高的是乐山市，达到 8.90 吨/亿元，其次是眉山市（7.54 吨/亿元）。成都市的单位 GDP 二氧化硫排放量最低，为 0.23 吨/亿元。

从整体角度看，2003—2020 年，成渝地区双城经济圈的单位 GDP 二氧化硫排放量从 2003 年的 218.41 吨/亿元下降到 2020 年的 2.71 吨/亿元，年均下降率为 22.76%。就 2020 年现状来看，成渝地区双城经济圈的二氧化硫排放强度低于全国平均水平（3.14 吨/亿元）、京津冀城市群（3.00 吨/亿元），但高于长江三角洲城市群（2.12 吨/亿元）以及珠江三角洲城市群（1.44 吨/亿元）。

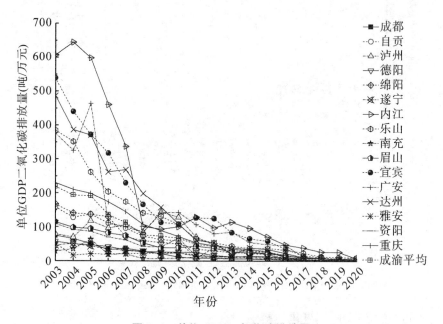

图 2-4　单位 GDP 二氧化硫排放量

（数据来源：《四川省统计年鉴》《重庆市统计年鉴》《中国城市统计年鉴》）

2.2.1.2　产业发展效率

（1）第一产业

① 劳动生产率

如图 2-5（a）所示，2000—2020 年，成渝地区双城经济圈各城市的第一产业劳动生产率总体呈现增长态势。其中，增长速度最快的是内江市，从 2000 年的 0.26 万元/人提高到 2020 年的 5.46 万元/人，年均增长 16.45%；其次是重庆市，从 2000 年的 0.30 万元/人提高到 2020 年的 4.77 万元/人，年均增长 14.75%；再次是南充市，从 2000 年的 0.28 万元/人提高到 2020 年的 4.20 万元/人,年均增长 14.51%。增长速度最慢的是达州市,从 2000 年的 0.47 万元/人提高到 2020 年的 3.18 万元/人,年均增长 10.05%。就 2020 年现状而言,内江市的第一产业劳动生产率最高,达 5.46 万元/人;其次是自贡市,达到 4.84 万元/人;资阳市的第一产业劳动生产率最低,为 2.81 万元/人。

从整体角度看,2000—2020 年,成渝地区双城经济圈的第一产业劳动生产率从 2000 年的 0.37 万元/人增长到 2020 年的 3.96 万元/人,年均增长 12.55%。就 2020 年现状来看,成渝地区双城经济圈的第一产业劳动生产率低于全国平均水平(4.39 万元/人)和长江三角洲城市群(5.73 万元/人),但高于京津冀城市群(1.10 万元/人)。

② 土地产出率

如图 2-5(b)所示,2000—2020 年,成渝地区双城经济圈各城市的土地产出率除 2015 年外,总体呈现波动增长态势。其中,增长速度最快的是自贡市,从 2000 年的 0.93 万元/公顷上升到 2020 年的 8.57 万元/公顷,年均增长 11.76%;其次是雅安市,从 2000 年的 1.73 万元/公顷上升到 2020 年的 14.73 万元/公顷,年均增长 11.30%;再次是重庆市,从 2000 年的 1.55 万元/公顷上升到 2020 年的 10.61 万元/公顷,年均增长 10.11%。土地产出率年均增长速度最慢的是资阳市,从 2000 年的 1.55 万元/公顷上升到 2020 年的 4.28 万元/公顷,年均增长 5.20%。就 2020 年现状而言,雅安市的土地产出率最高,为 14.73 万元/公顷;成都市次之,达到 12.92 万元/公顷;资阳市最低,为 4.28 万元/公顷。

从整体角度看,2000—2020 年,成渝地区双城经济圈的土地产出率呈"N"形上升趋势,从 2000 年的 1.76 万元/公顷增长到 2020 年的 7.96 万元/公顷,年均增长 7.84%。就 2020 年现状而言,成渝地区双城经济圈的土地产出率优于全国平均水平(6.14 万元/公顷)。

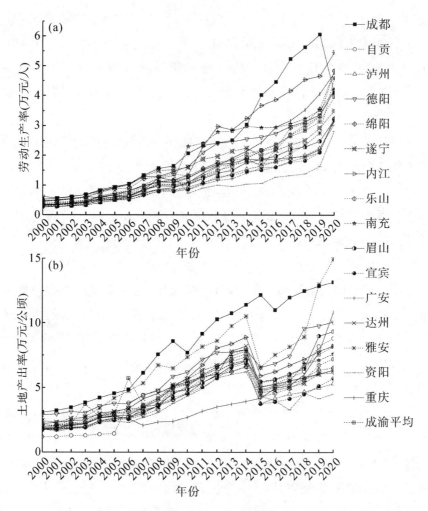

图 2-5　第一产业情况

（数据来源：《四川省统计年鉴》《重庆市统计年鉴》《中国统计年鉴》《中国
区域经济统计年鉴》《中国城市统计年鉴》《2020 长江经济带统计年鉴 2021》）

（2）第二产业

① 劳动生产率

如图 2-6（a）所示，2000—2020 年，第二产业劳动生产率增长速度
最快的是南充市，从 2000 年的 0.94 万元/人增长到 2020 年的 11.78 万元/
人，年均增长 13.46%；其次是乐山市，从 2000 年的 2.16 万元/人上升到
2020 年的 25.49 万元/人，年均增长 13.13%；再次是遂宁市，从 2000 年

的 1.51 万元/人上升到 2020 年的 16.25 万元/人，年均增长 12.61%。第二产业劳动生产率增长速度最慢的是绵阳市，从 2000 年的 3.36 万元/人上升到 2020 年的 14.12 万元/人，年均增长 7.43%。就 2020 年现状而言，第二产业劳动生产率最高的是乐山市，为 25.49 万元/人；其次是重庆市（23.68 万元/人）；内江市最低，为 8.93 万元/人。

从整体角度看，2000—2020 年，成渝地区双城经济圈的第二产业劳动生产率从 2000 年的 2.28 万元/人增长到 2020 年的 16.10 万元/人，年均增长 10.27%。就 2020 年现状来看，成渝地区双城经济圈的第二产业劳动生产率高于京津冀城市群（15.29 万元/人），但低于全国平均水平（17.84 万元/人）和长江三角洲城市群（19.22 万元/人）。

② 规模以上工业增加值能耗

如图 2-6（b）所示，2005—2020 年，成渝地区双城经济圈各城市的单位 GDP 能耗均呈现下降趋势。其中，自贡市的规模以上工业增加值能耗下降速度最快，从 2005 年的 3.33 吨标煤/万元下降到 2020 年的 0.43 吨标煤/万元，年均下降 12.78%；其次是资阳市，从 2005 年的 2.35 吨标煤/万元下降到 2020 年的 0.42 吨标煤/万元，年均下降 10.81%；再次是眉山市，从 2005 年的 5.20 吨标煤/万元下降到 2020 年的 1.02 吨标煤/万元，年均下降 10.30%。规模以上工业增加值能耗下降速度最慢的是成都市，从 2005 年的 1.89 吨标煤/万元下降到 2020 年的 0.66 吨标煤/万元，年均下降 6.79%。就 2020 年来看，规模以上工业增加值能耗最低的是资阳（0.42 吨标煤/万元）；其次是资阳市（0.43 吨标煤/万元）；最高的是达州市，达到 1.70 吨标煤/万元。

从整体角度看，2005—2020 年，成渝地区双城经济圈的规模以上工业增加值能耗从 2005 年的 4.07 吨标煤/万元下降到 2020 年的 1.01 吨标煤/万元，年均下降 8.89%。

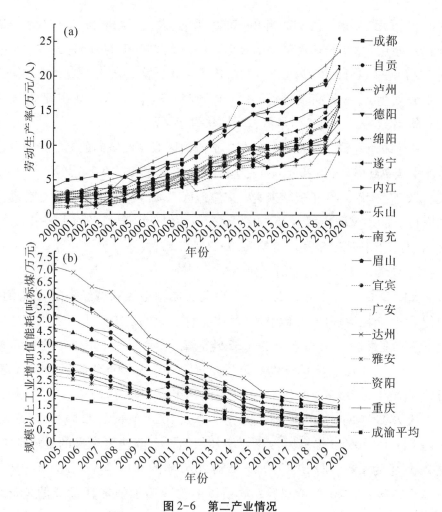

图 2-6　第二产业情况

（数据来源：《四川省统计年鉴》《重庆市统计年鉴》）

（3）第三产业

① 劳动生产率

如图 2-7（a）所示，2000—2020 年，第三产业劳动生产率增长速度最快的是达州市，从 2000 年的 0.50 万元/人增长到 2020 年的 7.36 万元/人，年均增长 14.36%；其次是宜宾市，从 2000 年的 0.90 万元/人增长到 2020 年的 12.98 万元/人，年均增长 14.27%；再次是广安市，从 2000 年的 0.82 万元/人增长到 2020 年的 10.41 万元/人，年均增长 13.58%。第三产业劳动生产率增长速度最慢的是成都市，从 2000 年的 3.34 万元/人增长到 2020 年的 17.56 万元/人，年均增长 8.65%。就 2020 年现状而言，成都市的第三产业劳动生产率最高，达到 17.56 万元/人；其次是重庆市（15.13 万元/人）；达州市的第三产业劳动生产率最低，为 7.36 万元/人。

从整体角度看，成渝地区双城经济圈的第三产业劳动生产率从 2000 年的 1.16 万元/人增长到 2020 年的 10.12 万元/人，年均增长 11.43%。就 2020 年现状而言，成渝地区双城经济圈的第三产业劳动生产率低于全国平均水平（15.47 万元/人）、京津冀城市群（19.25 万元/人）以及长江三角洲城市群（21.22 万元/人）。

② 第三产业从业人员比重

如图 2-7（b）所示，2000—2020 年，第三产业从业人员比重增长最快的是眉山市，从 2000 年的 17.71% 增长到 2020 年的 37.86%，年均增长 3.87%；其次是雅安市，从 2000 年的 19.73% 增长到 2020 年的 41.99%，年均增长 3.85%；再次是内江市，从 2000 年的 22.39% 增长到 2020 年的 46.10%，年均增长 3.68%。第三产业劳动生产率增长速度最慢的是自贡市，从 2000 年的 34.09% 增长到 2020 年的 40.00%，年均增长 0.80%。就 2020 年现状而言，成都市的第三产业从业人员比重最高，为 58.01；重庆市次之（52.33%），宜宾市最低（33.36%）。

从整体角度看，2000—2020 年，成渝地区双城经济圈的第三产业从业人员比重呈波动上升趋势，从 2000 年的 26.33% 增长到 2020 年的 42.44%，年均增长 2.42%。就 2020 年现状而言，成渝地区双城经济圈的第三产业从业人员比重低于全国平均水平（47.70%）、长江三角洲城市群（50.99%）以及京津冀城市群（62.37%）。

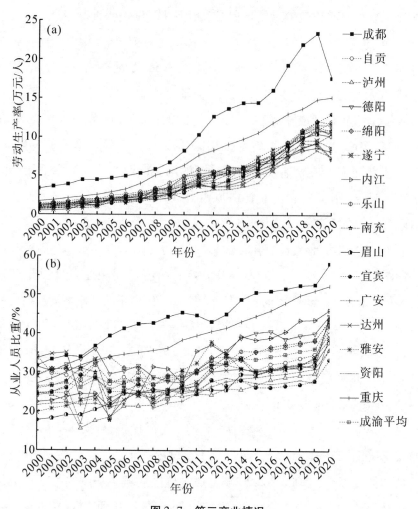

图 2-7　第三产业情况

（数据来源：《四川省统计年鉴》《重庆市统计年鉴》）

2.2.2　资源环境承载力

资源环境承载力指在一定时期内，特定区域在资源环境功能处于相对稳定的状态下，所能承受的某一人口规模下各种社会经济活动的能力。本研究选取人均水资源量、二氧化碳排放量、二氧化硫排放量和 $PM_{2.5}$ 浓度四个指标对成渝地区双城经济圈的资源环境承载力进行评价。

2.2.2.1　人均水资源

如图 2-8 所示，2011—2020 年，虽然有所波动，但成渝地区双城经济圈各城市的人均水资源量均保持了增长态势。其中，人均水资源量增长最快的是遂宁市，从 2011 年的 251 立方米/人增长到 2020 年的 793.61 立方米/人，年均增长 13.64%；其次是自贡市，从 2011 年的 302 立方米/人增长到 2020 年的 880.32 立方米/人，年均增长 12.62%；再次是泸州市，从 2011 年的 880 立方米/人增长到 2020 年的 2 286.65 立方米/人，年均增长 11.19%。就 2020 年现状而言，雅安市人均水资源量最大，为 12 708.91 立方米/人，远高于其他城市。雅安市一方面受地理位置和气候影响，降水丰沛，另一方面该市以大相岭为天然分水岭，形成了北部的青衣江水系和南部的大渡河水系，水网密集。乐山市次之，人均水资源量为 4 565.64 立方米/人。成都市最低，为 573.97 立方米/人。

从整体角度看，2011—2020 年，成渝地区双城经济圈的人均水资源量从 2011 年的 1 532.27 立方米/人增长到 2020 年的 2 515.76 立方米/人，年均增长 5.66%。就 2020 年现状来看，成渝地区双城经济圈的人均水资源量较为丰富，高于全国平均水平（2 240 立方米/人）、长江三角洲城市群（1 959 立方米/人）、珠江三角洲城市群（1 617 立方米/人）以及京津冀城市群（202 立方米/人）。

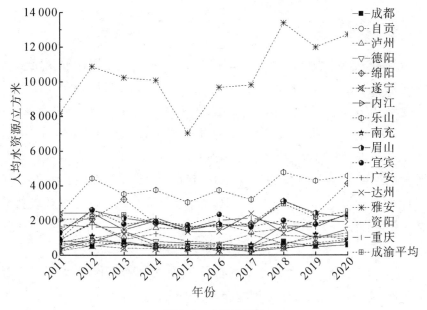

图 2-8　人均水资源

（数据来源：《中国环境统计年鉴》《中国统计年鉴》《重庆统计年鉴》《四川省水资源公报》）

2.2.2.2　二氧化碳排放量

（1）单位土地面积二氧化碳排放量

如图 2-9（a）所示，2000—2019 年，单位土地面积二氧化碳排放量增长速度最快的是德阳市，从 2000 年的 508.97 吨/平方公里增加到 2019 年的 3 196.87 吨/平方公里，年均增长 10.15%；其次是遂宁市，从 2000 年的 299.70 吨/平方公里增加到 2019 年的 1 671.88 吨/平方公里，年均增长 9.47%；再次是资阳市，从 2000 年的 240.55 吨/平方公里增加到 2019 年的 1 335.59 吨/平方公里，年均增长 9.44%。单位土地面积二氧化碳排放量年均增长速度最慢的是雅安市，从 2000 年的 210.10 吨/平方公里增加到 2019 年的 371.61 吨/平方公里，年均增长 3.05%。就 2019 年现状来看，单位土地面积二氧化碳排放量最高的是成都市，达到 6 526.76 吨/平方公里；其次是德阳市（3 196.87 吨/平方公里）。雅安市的单位土地面积二氧化碳排放量最低，为 371.61 吨/平方公里。

从整体角度看，成渝地区双城经济圈的单位土地面积二氧化碳排放量从 2000 年的 364.10 吨/平方公里增加到 2019 年的 1 568.52 吨/平方公里，年均增长 7.99%。就 2019 年现状来看，成渝地区双城经济圈的单位土地面积二氧化碳排放量高于全国平均水平（1 018.26 吨/平方公里）。

（2）人均二氧化碳排放量

如图 2-9（b）所示，2000—2019 年，人均二氧化碳排放量增长速度最快的是遂宁市，从 2000 年的 0.46 吨/人增加到 2019 年的 3.12 吨/人，年均增长 10.64%；其次是德阳市，从 2000 年的 0.80 吨/人增加到 2019 年的 5.45 吨/人，年均增长 10.63%；再次是资阳市，从 2000 年的 0.60 吨/人增加到 2019 年的 3.29 吨/人，年均增长 9.39%。人均二氧化碳排放量年均增长速度最慢的是雅安市，从 2000 年的 2.15 吨/人增加到 2019 年的 3.87 吨/人，年均增长 3.14%。就 2019 年现状而言，人均二氧化碳排放量最高的是重庆市，为 5.83 吨/人，德阳市次之（5.45 吨/人），宜宾市最低（1.70 吨/人）。

从整体角度看，成渝地区双城经济圈的人均二氧化碳排放量从 2000 年的 0.89 吨/人增加到 2019 年的 3.17 吨/人，年均增长 6.89%。就 2019 年现状而言，成渝地区双城经济圈的人均二氧化碳排放量低于全国平均水平（6.96 吨/人）。

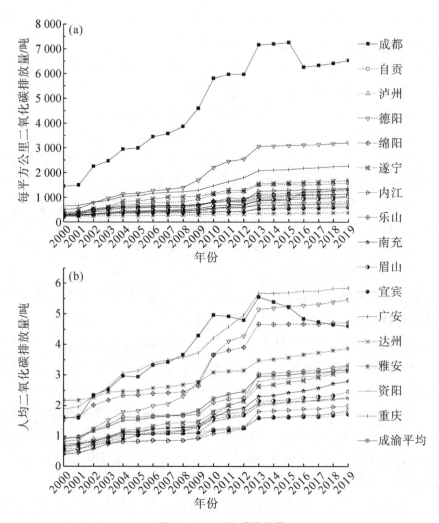

图2-9　二氧化碳排放量

（数据来源：《四川省统计年鉴》《重庆市统计年鉴》《中国城市统计年鉴》）

2.2.2.3　二氧化硫排放量

（1）单位土地面积二氧化硫排放量

如图2-10（a）所示，2003—2020年，成渝地区双城经济圈各城市的单位土地面积二氧化硫排放普遍呈现波动下降趋势。其中，下降速度最快的是达州市，从2003年的7.75吨/平方公里下降到2020年的0.15吨/平方公里，年均下降20.64%；其次是成都市，从2003年的11.50吨/平方公里下降到2020年的0.28吨/平方公里，年均下降19.62%；再次是资阳市，从 2003 年的 2.63 吨/平方公里下降到 2020 年的 0.07 吨/平方公里，年均下降 18.96%。下降速度最慢的是眉山市，从 2003 年的 2.83 吨/平方公里下降到 2020 年的 1.50 吨/平方公里，年均下降 3.65%。就 2020 年现状来看，单位土地面积二氧化硫排放量最高的是内江市，为 1.60 吨/平方公里；其次是眉山市（1.50 吨/平方公里）；最低的是资阳市（0.07 吨/平方公里）。

从整体角度看，成渝地区双城经济圈的单位土地面积二氧化硫排放量从 2003 年的 6.50 吨/平方公里减少到 2020 年的 0.57 吨/平方公里，年均降低 13.33%。就 2020 年现状而言，成渝地区双城经济圈的单位土地面积二氧化硫排放量高于全国平均水平（0.33 吨/平方公里），但低于京津冀城市群（0.61 吨/平方公里）和长江三角洲城市群（0.75 吨/平方公里）。

（2）人均二氧化硫排放量

如图 2-10（b）所示，2003—2020 年，人均二氧化硫排放量削减速度最快的是成都市，从 2003 年的 117.60 吨/万人减少到 2020 年的 1.92 吨/万人，年均下降 21.49%；其次是雅安市，从 2003 年的 218.34 吨/万人下降到 2020 年的 4.69 吨/万人，年均下降 20.22%；再次是资阳市，从 2003 年的 69.42 吨/万人下降到 2020 年的 1.84 吨/万人，年均下降 19.24%。下降速度最慢的是眉山市，从 2003 年的 58.10 吨/万人下降到 2020 年的 36.31 吨/万人，年均下降 2.73%。就 2020 年现状而言，人均二氧化硫排放量最高的是乐山市（56.44 吨/万人），眉山市次之（36.31 吨/万人），资阳市最低（1.84 吨/万人）。

从整体角度看，成渝地区双城经济圈的人均二氧化硫排放量从 2003 年的 138.53 吨/万人降低到 2020 年的 14.17 吨/万人，年均降低 12.55%。就 2020 年现状而言，成渝地区双城经济圈的人均二氧化硫排放量低于全国平均水平（22.53 吨/万人）以及京津冀城市群（15.73 吨/万人）和长江三角洲城市群（15.80 吨/万人），但是高于珠江三角洲城市群（9.08 吨/万人）。

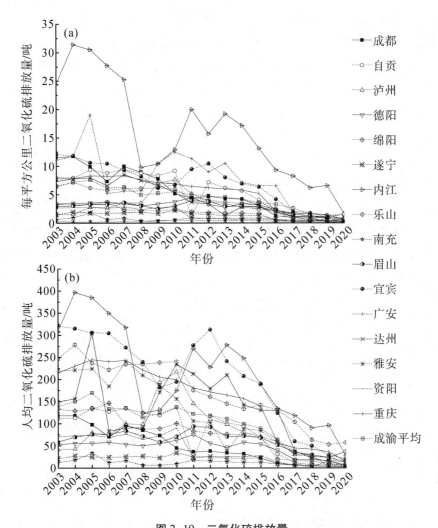

图 2-10　二氧化硫排放量

（数据来源：《四川省统计年鉴》《重庆市统计年鉴》《中国城市统计年鉴》）

2.2.2.4　$PM_{2.5}$ 浓度

如图 2-11 所示，2001—2020 年，成渝地区双城经济圈各城市的年均 $PM_{2.5}$ 基本都在 2010 年达到了最高点，2014 年后快速下降，总体呈现波动下降趋势。其中，下降速度最快的是眉山市，从 2001 年的 70.20 微克/立方米下降到 2020 年的 31.23 微克/立方米，年均下降 4.17%；其次是内江市，从 2001 年的 70.06 微克/立方米下降到 2020 年的 34.54 微克/立方米，年均下降 3.65%；再次是资阳市，从 2001 年的 59.56 微克/立方米下降到

2020 年的 29.80 微克/立方米，年均下降 3.57%。$PM_{2.5}$ 浓度下降速度最慢的是绵阳市，从 2001 年的 42.48 微克/立方米下降到 2020 年的 26.36 微克/立方米，年均下降 2.48%。就 2020 年现状而言，$PM_{2.5}$ 浓度最高的是自贡市（38.80 微克/立方米），其次是宜宾市（36.25 微克/立方米）。除了这两个城市外，其他 14 个城市的年均 $PM_{2.5}$ 浓度均可以达到《环境空气质量标准》（GB 3095-2012）中的优等级。

从整体角度看，成渝地区双城经济圈的年均 $PM_{2.5}$ 浓度从 2001 年的 57.99 微克/立方米下降到 2020 年的 30.83 微克/立方米，年均下降 3.27%。就 2020 年现状来看，成渝地区双城经济圈的年均 $PM_{2.5}$ 浓度低于全国平均水平（33 微克/立方米）以及京津冀城市群（44.46 微克/立方米）和长江三角洲城市群（34.39 微克/立方米），但高于珠江三角洲城市群（21.40 微克/立方米）。

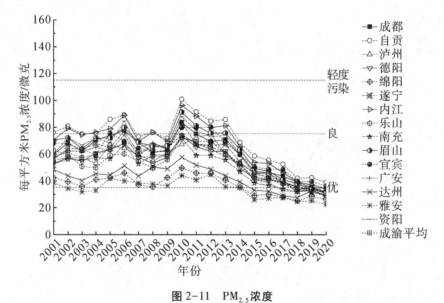

图 2-11　$PM_{2.5}$ 浓度

［数据来源：圣路易斯华盛顿大学大气成分分析组

（Atmospheric Composition Analysis Group，Washington University in St. Louis）］

2.2.3　城市管理绿色度

城市管理绿色度，反映的是地方政府在解决资源、环境与经济发展矛盾，推动区域绿色发展中的政策注意力与政策力度。本研究选取科技支出和基础设施建设两个方面的指标来衡量政策支持度。

2.2.3.1 科技支出占财政预算比重

如图 2-12 所示，2006—2020 年，除绵阳市、成都市和雅安市外，成渝地区双城经济圈各城市的科技支出占财政预算比重大体保持稳定。绵阳市的科技支出占财政预算比重在 2018 年达到峰值。这一年，绵阳市发布《绵阳市科技服务业 2018 年行动方案》，以科技创新为核心，出台了一系列配套支持政策，设立专利资助与奖励、科技成果转化、人才发展、科技风险池等专项资金，科学技术支出占财政预算的比重达到了 6.26%。成都市的科技支出占财政预算比重呈现波动上升趋势，在 2019 年达到峰值5.27%。雅安市的科技支出在 2012 年达到峰值 2.77%。就 2020 年现状而言，成都市的科技支出占财政预算比重最高，达到 5.08%。从整体角度看，成渝地区双城经济圈科学技术支出占财政预算的比重呈现波动上升趋势，从 2006 年的 0.30% 增长到 2020 年的 1.23%，年均增长 10.69%。就2020 年现状来看，成渝地区双城经济圈科技支出占财政预算的比重低于全国平均水平（3.67%）。

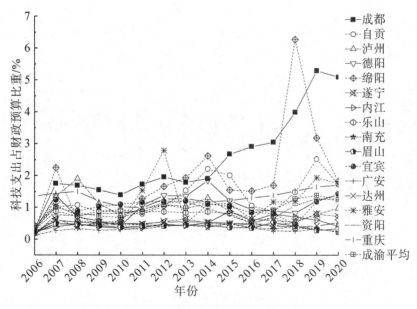

图 2-12 科技支出占财政预算比重

（数据来源：《四川省统计年鉴》《重庆市统计年鉴》）

2.2.3.2　基础设施

（1）建成区绿化覆盖率

如图 2-13 所示，2000—2020 年，建成区绿化覆盖率年均增长速度最快的是眉山市，从 2000 年的 3.50% 上升到 2020 年的 41.80%，年均增长 13.20%；其次是遂宁市，从 2000 年的 8.30% 上升到 2020 年的 41.99%，年均增长 8.44%；再次是广安市，从 2000 年的 8.9% 上升到 2020 年的 42.72%，年均增长 8.16%。泸州市是唯一负增长的城市，从 2000 年的 2000 年的 44.8% 下降到 2020 年的 42.18%，年均下降 0.30%。就 2020 年现状而言，建成区绿化覆盖率最高的是南充市，为 44.53%，自贡市次之（44.00%），资阳市最低（38.46%）。

从整体角度看，成渝地区双城经济圈的建成区绿化覆盖率呈现波动增长趋势，从 2000 年的 19.84% 增长到 2020 年的 41.80%，年均增长 3.80%。就 2020 年现状而言，成渝地区双城经济圈的建成区绿化覆盖率低于全国平均水平（42.10%）、京津冀城市群（42.97%）、长江三角洲城市群（42.85%）以及珠江三角洲城市群（43.39%）。

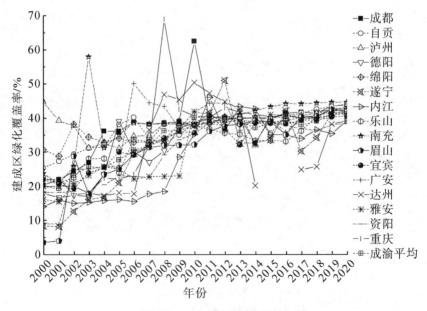

图 2-13　建成区绿化覆盖率

（数据来源：《中国城市统计年鉴》）

（2）污水处理厂集中处理率

如图 2-14 所示，2002—2020 年，污水处理厂集中处理率增长速度最快的是内江市，从 2002 年的 1.00%上升到 2020 年的 96.39%，年均增长28.89%；其次是重庆市，从 2002 年的 6.00%上升到 2020 年的 98.17%，年均增长 16.80%；再次是自贡市，从 2002 年的 24.00%上升到 2020 年的98.26%，年均增长 8.15%。达州市是年均增长最慢的城市，从 2002 年的80.00%上升到 2020 年的 95.35%，年均增长 0.98%。就 2020 年现状而言，污水处理厂集中处理率最高的是广安市（99.49%），自贡市次之（98.26%），最低的是乐山市（95.17%）。

从整体角度看，成渝地区双城经济圈的污水处理厂集中处理率在波动中大幅上升，从 2002 年的 38.22%上升到 2020 年的 96.83%，年均增长5.30%。就 2020 年现状而言，成渝地区双城经济圈的污水处理厂集中处理率高于长江三角洲城市群（95.32%），但是低于全国平均水平（97.53%）以及京津冀城市群（98.30%）和珠江三角洲城市群（97.19%）。

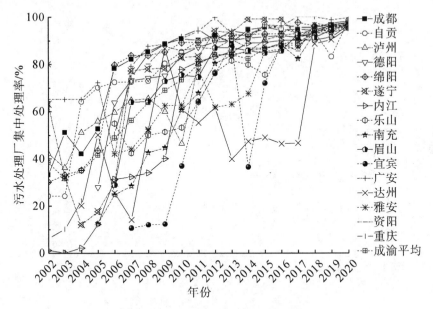

图 2-14　污水处理厂集中处理率

（数据来源：《四川省统计年鉴》《重庆市统计年鉴》
《中国城乡建设统计年鉴》《中国城市统计年鉴》）

（3）生活垃圾无害化处理率

如图 2-15 所示，2002—2020 年，生活垃圾无害化处理率增长速度最快的是重庆市，从 2002 年的 8.00% 增长到 2020 年的 94.44%，年均增长 14.70%；其次是南充市，从 2002 年的 13.00% 增长到 2020 年的 99.99%，年均增长 12.00%；再次是眉山市，从 2002 年的 17.00% 增长到 2020 年的 100%，年均增长 10.35%。2002—2016 年，各城市的生活垃圾无害化处理率呈现无序波动的状态。2017—2020 年，各城市的生活垃圾无害化处理均保持在一个较高的水平。截至 2020 年，除重庆市、雅安市、达州市和南充市外，其他城市的生活垃圾无害化处理率均达到 100%。

从整体角度看，成渝地区双城经济圈的生活垃圾无害化处理率从 2002 年的 48.71% 上升到 2020 年的 99.45%，年均增长 4.04%。但是，就 2020 年现状而言，成渝地区双城经济圈的生活垃圾无害化处理率仍然低于全国平均水平（99.70%）、珠江三角洲城市群（99.97%）、京津冀城市群（100%）以及长江三角洲城市群（100%）。

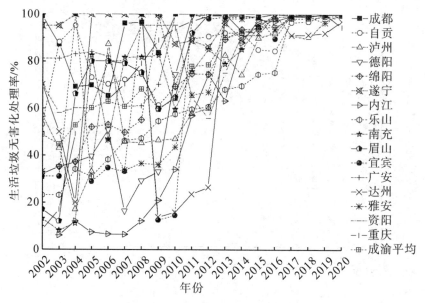

图 2-15 生活垃圾无害化处理率

（数据来源：《中国城市统计年鉴》）

（4）全年人均公共汽（电）车客运量

如图 2-16 所示，2000—2020 年，全年人均公共汽（电）车客运量增长速度最快的是达州市，从 2000 年的 2.27 次/人增长到 2020 年的 26.01 次/人，年均增长 12.96%；其次是乐山市，从 2000 年的 3.72 次/人增长到 2020 年的 19.24 次/人，年均增长 8.56%；再次是宜宾市，从 2000 年的 5.01 次/人增长到 2020 年的 25.38 次/人，年均增长 8.45%。全年人均公共汽（电）车客运量增长最慢的是绵阳市，从 2000 年的 19.04 次/人增长到 2020 年的 23.43 次/人，年均增长 1.04%。就 2020 年现状而言，全年人均公共汽（电）车客运量最大的是成都市（52.73 次/人），泸州市次之（39.22 次/人），最低的是德阳市（9.52 次/人）。

从整体角度看，成渝地区双城经济圈的全年人均公共汽（电）车客运量呈波动上升趋势，从 2000 年的 13.67 次/人增长到 2020 年的 24.13 次/人，年均增长 2.88%。就 2020 年现状而言，成渝地区双城经济圈的全年人均公共汽（电）车客运量超过了京津冀城市群（18.68 次/人）以及长江三角洲城市群（21.79 次/人），但低于珠江三角洲城市群（25.06 次/人）和全国平均水平（27.98 次/人）。

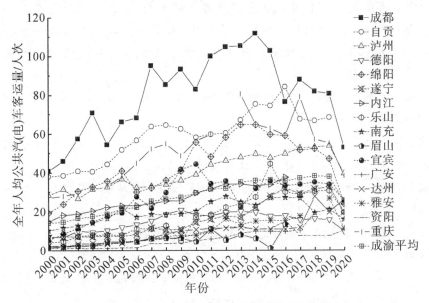

图 2-16　全年人均公共汽（电）车客运量

（数据来源：《中国城市统计年鉴》）

参考文献

北京师范大学经济与资源管理研究院等, 2014. 2014 人类绿色发展报告 [M]. 北京：北京师范大学出版社.

车磊, 白永平, 周亮, 等, 2018. 中国绿色发展效率的空间特征及溢出分析 [J]. 地理科学, 38 (11)：1788-1798.

郭夏, 2010. 解码经济：新生经济学导论 [M]. 北京：经济科学出版社.

胡鞍钢, 2004. 绿色发展是中国的必选之路 [J]. 环境经济 (2)：31-33.

胡鞍钢, 2022. 中国式绿色现代化：回顾与展望 [J]. 北京工业大学学报 (社会科学版)：1-18.

胡鞍钢, 门洪华, 2005. 绿色发展与绿色崛起：关于中国发展道路的探讨 [J]. 中共天津市委党校学报 (1)：19-30.

胡鞍钢, 周绍杰, 2014. 绿色发展：功能界定、机制分析与发展战略 [J]. 中国人口·资源与环境, 24 (1)：14-20.

黄晶, 仲平, 刘家琰, 2022. 肯尼斯·鲍尔丁 [J]. 世界环境 (3)：62-65.

李晓西, 潘建成, 2011. 中国绿色发展指数的编制：《2010 中国绿色发展指数年度报告：省际比较》内容简述 [J]. 经济研究参考 (2)：36-64.

皮尔斯, 等, 1997. 绿色经济的蓝图：绿化世界经济 [M]. 北京：北京师范大学出版社.

王玲玲, 张艳国, 2012. "绿色发展" 内涵探微 [J]. 社会主义研究 (5)：143-146.

甄霖, 杜秉贞, 刘纪远, 等, 2013. 国际经验对中国西部地区绿色发展的启示：政策及实践 [J]. 中国人口·资源与环境, 23 (10)：8-16.

中国科学院可持续发展战略研究组, 2011. 2011 中国可持续发展战略报告 [M]. 北京：科学出版社.

诸大建, 2012. 绿色经济新理念及中国开展绿色经济研究的思考 [J]. 中国人口·资源与环境, 22 (5)：40-47.

BOULDING K E, 1966. The economics of the coming spaceship earth [J]. Environmental quality in a growing：3-14.

CHEN J, XU C, GAO M, et al., 2022. Carbon peak and its mitigation implications for China in the post-pandemic era [J]. Scientific Reports, 12 (1).

3

成渝地区双城经济圈
绿色协同发展的政策演进

2006 年，四川省环境保护局和重庆市环境保护局联合签署的《川渝地区环境保护合作协定》，成为成渝地区有关绿色协同发展最早的府际协议。此后，2011 年国家发展改革委印发的《成渝经济区区域规划》，2016 年国家发展改革委、住房城乡建设部印发的《成渝城市群发展规划》和 2021 年中共中央、国务院印发的《成渝地区双城经济圈建设规划纲要》均包含生态环境保护专章。2021 年 11 月 25 日，四川省人大常委会和重庆市人大常委会分别表决通过了《四川省嘉陵江流域生态环境保护条例》和《重庆市人民代表大会常务委员会关于加强嘉陵江流域水生态环境协同保护的决定》，这成为川渝推进流域生态环境保护协同立法的首次尝试。2022 年 2 月生态环境部、国家发展改革委、重庆市人民政府和四川省人民政府联合印发《成渝地区双城经济圈生态环境保护规划》，对成渝地区双城经济圈的生态保护与环境治理做出了系统部署。此外，四川省人民政府和重庆市人民政府在 2022 年还联合发布了《成渝地区双城经济圈碳达峰碳中和联合行动方案》《关于推进成渝地区双城经济圈"无废城市"共建的指导意见》《推动川渝能源绿色低碳高质量发展协同行动方案》等一系列政策文件，进一步丰富了成渝地区双城经济圈绿色协同发展的政策体系。

据本研究统计，截至 2022 年，中央政府和成渝地区地方政府已发布了 208 份有关区域绿色协同发展的政策文献。政策文献是政策存在的物理载体，是政府行为的直接反映，也是记述政策意图和政策过程的客观凭证（李钢 等，2007）。因此，为了更清晰地展现成渝地区双城经济圈绿色协同发展政策的演进过程、分析演进规律、明确影响范围、把握发展趋势，本章运用社会网络分析以及文本分析等研究方法，从外部结构属性、主体网络关系、主题内容等方面对相关政策文献进行系统分析。

3.1 数据来源与分析方法

3.1.1 数据来源

根据政策的权威性和效力，本研究将成渝地区双城经济圈绿色协同发展的相关政策文献分为"府际协议"与"政策文本"两个类型。

府际协议是指地方政府间搭建的合作框架、拟定的合作宣言、发表的合作意见等（Thurmaier et al.，2002）。府际协议既可以是行政隶属关系中的上下级纵向协议，也可以是同级别政府之间或部门之间的横向协议，还可以是级别不同、互不统辖的地方政府或部门之间的斜向协议（杨爱平，2011）。但是无论类型如何，任何一项府际协议都是二元或多元关系的体现，是协议各方自愿互惠的行为结果（马捷 等，2014）。府际协议常被用于刻画描述地方政府的合作及网络关系，用作政府间合作的量化测度指标，为评价政府间合作、跨区域治理提供了定量数据参考（马捷 等，2014；锁利铭 等，2016）。府际协议还可以捕获给定地方政府在某一政策领域中合作选择呈现出的积极性、灵活性、复杂性、拓展性和自主性的强弱（锁利铭 等，2016）。

政策文本是国家政权机关、政党组织和其他社会政治集团为了实现自己所代表的阶级以及其利益与意志，以权威形式标准化地规定在一定的历史时期内，应该达到的奋斗目标、遵循的行动原则、完成的明确任务、实行的工作方式、采取的一般步骤和具体措施。政策文本是政府履行职能的真实"印迹"，是政府执政理念的"镜子"，一般包括中央和地方各级政府及其部门发布的法律法规、规划、意见、办法和通知等（黄萃 等，2015）。作为政府的行动准则，政策文本的质量将直接影响相关工作是否能够顺利推进。

本研究首先通过各地方政府的官方网站、北大法宝以及北大法意等数据库，以"成渝""川渝""重庆""四川""成都"等及其组合为关键词，对成渝地区双城经济圈绿色协同发展的相关府际协议和政策文本进行搜索。为保证数据来源的准确性和代表性，本研究按照以下原则对收集到的府际协议和政策文本进行进一步筛选。一是规范性原则：政策文本主要选取法律法规、规划、意见、办法和通知等体现政策意图的文件；二是相关性原则：府际协议和政策文本的整体或部分内容一方面须对"成渝经济区""成渝城市群"或"成渝地区双城经济圈"的发展建设进行具体的安排，另一方面须涉及生态环境、林业、水利、自然资源等体现绿色发展的内容。最终，本研究共获取截至 2022 年的相关府际协议和政策文本 208份，其中完整政策文本 13 份、节选政策文本 59 份、府际协议 136 份。表 3-1 和表 3-2 展示了部分政策文本和府际协议，完整数据见附录 1 和附录 2。

表 3-1　成渝地区双城经济圈绿色协同发展政策文本

序号	名称	发布部门	发布时间
1	《国家发展改革委关于印发成渝经济区区域规划的通知》	国家发展改革委	2011.5
2	《四川省人民政府关于贯彻成渝经济区区域规划的实施意见》	四川省人民政府	2011.9
3	《四川省人民政府办公厅关于印发贯彻实施成渝经济区区域规划具体责任分工方案的通知》	四川省人民政府办公厅	2011.9
……	……	……	……
71	《重庆市人民政府办公厅、四川省人民政府办公厅关于印发成渝共建西部金融中心规划联合实施细则的通知》	重庆市人民政府办公厅、四川省人民政府办公厅	2022.12
72	《内江市人民政府、自贡市人民政府关于印发〈内江自贡同城化发展规划〉的通知》	内江市人民政府、自贡市人民政府	2022.12

表 3-2　成渝地区双城经济圈绿色协同发展府际协议

序号	名称	发布部门	发布时间
1	《川渝地区环境保护合作协定》	四川省环境保护局、重庆市环境保护局	2006.12
2	《四川省遥感信息测绘院、重庆市国土资源和房屋勘测规划院战略合作协议》	四川省遥感信息测绘院、重庆市国土资源和房屋勘测规划院	2012.7
3	《重庆市环保局、成都市环保局战略合作协议》	重庆市环境保护局、成都市环境保护局	2013.1
……	……	……	……
135	《防汛抗旱联防联动联控协议》	广安市邻水县水务局、重庆市渝北区水利局	2022.8
136	《结对共建成渝双城经济圈生态环境保护合作协议》	成都市龙泉驿区生态环境局、重庆市南岸区生态环境局	2022.8

3.1.2 分析方法

本部分运用政策文献量化分析方法对成渝地区绿色协同发展政策文献的基本情况、合作网络、主题内容和共现关系等进行梳理，以期揭示政策对象、政策主体、政策内容等要素的互动发展和演变规律（魏娜 等，2020）。

3.1.2.1 基础统计分析

政策文献具有多个结构要素，例如时间、颁布机构、文种、主题词和参照关系等。对这些结构要素进行统计与分析，有利于解释政策主题、政策目标与影响、政策主体的合作模式，以及政策体系的结构与演进（李江 等，2015）。本研究对政策文本的基础统计分析主要包括纵向的数量变化、横向的区域分布，以及政策文献的发布主体及部门构成。

3.1.2.2 合作网络分析

本研究运用社会网络分析方法（social network analysis）对发布和签署成渝地区双城经济圈绿色协同发展相关府际协议和政策文本的主体的合作网络进行了分析。社会网络分析方法是用于分析社会行动者及其关系的方法，该方法通过一系列节点及节点之间的连线组合来分析不同社会单位（个体、群体或元素）所构成社会关系的结构及属性（林聚任，2009）。在政策文献量化研究中，社会网络分析方法一般用于构建政策文本中的关键议题及发布主体等的关系网络，从而分析主题词和发布主体之间的互动关系，剖析网络特征（杨正，2019）。在社会网络分析方法中，常用的指标包括网络密度、中心度、凝聚子群、特征路径长度和核心-边缘结构等。

网络密度是衡量社会网络成员关系紧密程度的指标。如果一个网络的密度为1，则意味着该网络中的每个点都和其他点相连；若该网络的密度为0，则意味着该网络中任何点都不相连。因此，网络密度越大，意味着网络内成员之间的联系越紧密，该网络对各成员的态度、行为产生的影响也越大。

中心性是社会网络分析的重点之一，被作为测量声望和权力的指针。其中，中心度与中心势是两种重要的中心性测量方法。

中心度用以表征行动者在网络中的权力和影响力，包括度数中心度（degree-centrality）、中间中心度（betweenness-centrality）、接近中心度（closeness-centrality）等形式。其中，度数中心度是指在一个网络中与该节点直接相连的节点个数，度数中心度越大，表明该节点可能拥有的权力越大。中间中心度是指网络中所有的点对之间通过该节点的最短路径条数。处于这种位置的节点可以通过控制或曲解信息的传递而影响网络。中间中心度越大，说明该行动者对资源控制程度越高，越能完全控制其他行动者，或成为瓶颈。接近中心度是某节点到网络所有其他节点的捷径总和。接近中心度越小，说明该点越不是网络的核心点，同时与中心点距离最远的行动者在资源信息、权利、声望以及影响力方面最弱。接近中心度越大，说明该节点越具有广泛的视野，可以察知网络中所发生的事情和信息流通的方向。中心势则通过测量图的总体整合度或者一致性来度量整个网络中心化的程度。表 3-3 列出了点的中心度和图的中心势的表达式。

表 3-3　点的中心度和图的中心势表达式

	度数中心性	中间中心性	接近中心性
绝对点度中心度	$C_D(N_i) = \sum_{j=1}^{g} x_{ij}(i \neq j)$	$C_B(N_i) = \sum_{j<k}^{g} \frac{g_{jk}(N_i)}{g_{jk}}$	$C_C(N_i) = \dfrac{1}{\left[\sum_{j=1}^{g} d(N_i, N_j)\right]}(i \neq j)$
标准化中心度	$C'_D(N_i) = \dfrac{C_D(N_i)}{g-1}$	$C'_B(N_i) = \dfrac{C_B N_i \times 2}{(g-1)(g-2)}$	$C'_C(N_i) = (g-1)[C_C(N_i)]$
图的中心势	$C_D = \dfrac{\sum_{i=1}^{g}[C_D(N^*)-C_D(N_i)]}{(g-1)(g-2)}$	$C_B = \dfrac{\sum_{i=1}^{g}[C_B(N^*)-C_B(N_i)]}{[(g-1)^2(g-2)]/2}$	$C_C = \dfrac{\sum_{i=1}^{g}[C'_C(N^*)-C'_C(N_i)]}{[(g-2)(g-1)]/(2g-3)}$

注：x_{ij} 是点 i 和点 j 直接联系的数量，$C_D(N^*)$ 是该网络中最高的度数中心度，$C_D(N_i)$ 是其他节点的度数中心度。g_{jk} 是点 j 和点 k 之间测地距路径的数量，$g_{jk}(N_i)$ 是点 j 和点 k 之间所有经过点 i 的测地距路径的数量，$C_B(N^*)$ 是该网络中最高的中间中心度，$C_B(N_i)$ 是其他节点的中间中心度。$d(N_i, N_j)$ 是点 i 和点 j 之间的测地距离，$C'_C(N^*)$ 是该网络中最高的接近中心度，$C'_C(N_i)$ 是其他点的接近中心度。

当网络中某些行动者之间的关系特别紧密以至于结合成一个次级团体时，就形成了"凝聚子群"。凝聚子群分析就是对网络中子群的数量、子群内部成员之间关系的特点、子群之间关系特点、一个子群的成员与另一个子群成员之间的关系特点等进行解析（朱庆华 等，2008）。凝聚子群分析能够帮助研究者发现复杂关系中具有某一类特征的小团体，以便更好地了解网络分布。

本研究首先整理 208 份政策文献发布和签署的主体及其所在地区，构建邻接矩阵；其次，绘制主体和地区合作关系网络；最后，测算合作网络的网络密度（density）、网络中心度（centrality）和凝聚子群（cohesive subgroup）等指标，对网络特征进行进一步深入分析。

3.1.2.3　主题内容分析

内容分析法（content analysis）是指系统、客观地对文献内容进行定量与定性分析的一种语言分析方法（李钢 等，2007），它适用于一切可记录与保存并且具有价值的文献研究（刘伟，2014）。内容分析法源于新闻学、传播学、图书馆学和情报学等领域的研究。经过多年来学科交叉研究的推进，近些年，内容分析法已应用到公共政策的文本分析之中，衍生出政策内容分析法（许阳 等，2016）。政策内容分析法试图将非结构化的文本内容转化为定量数据，从而对政策文本进行客观系统的描述，以揭示政策的变迁趋势及特征，并对承载于政策文本之上的政府行为逻辑进行梳理（姜雅婷 等，2017）。本研究运用内容分析法对成渝地区双城经济圈绿色协同发展府际协议和政策文本进行系统分析，以期明确政策主题与政策内容。

3.1.2.4　共现关系分析

共词分析方法（co-word analysis）是一种常用的文献计量学方法，其主要原理是统计一组词在同一篇文献中出现的次数，从而反映出这些词之间的亲疏关系（崔雷，1996）。在共词频次统计的基础上，聚类分析（cluster analysis）依据关键词与关键词之间的共现强度，把一些共现强度较大的关键词聚集在一起形成不同的群组，每个群组反映一定时期内文献的特定聚焦点，进而可以据此研判这些词所代表主题的结构变化（黄萃 等，2015）。共词分析方法和聚类分析方法原先多用于学术文献分析，现已延伸至政策文本研究中，适合对政策文本和政策结构进行分析（张勤 等，2007）。

本研究运用共词分析方法对 72 份成渝地区双城经济圈绿色协同发展政策文本内容进行分析。首先，对政策文本进行分词处理和词频分析，剔除无实际意义且与成渝地区双城经济圈绿色协同发展关联度不高的词语，进而筛选出高频关键词，构建词频统计表；其次，统计这些高频关键词在政策文本中共同出现的次数，生成相应的共词矩阵和共词网络图；再次，运用 Ochiia 系数将关键词共词矩阵转化为可以更好反应词与词之间相互依赖程度的相关矩阵（张勤 等，2007）；接着，将高频关键词相关矩阵导入 SPSS 进行聚类分析，对各时期政策文本的高频关键词进行聚类分析与可视化；最后，根据政策文本的高频关键词共词网络和聚类分析结果，对各时期政策特征及变迁动因进行分析。

3.2 成渝地区双城经济圈绿色协同发展府际协议

3.2.1 基础统计

3.2.1.1 时间分布

图 3-1 为不同时期成渝地区双城经济圈府际协议的签署数量。早期成渝地区双城经济圈在绿色协同发展方面的交流合作较少，仅在 2006 年签订了一份《川渝地区环境保护合作协定》。2011 年《成渝经济区区域规划》正式发布后，成渝地区双城经济圈绿色发展领域的府际合作逐渐起步，但 2012—2019 年间府际协议整体签署频次较低，数量变化不大。2020 年 1 月 3 日习近平总书记主持召开中央财经委员会第六次会议，首次提出要推动成渝地区双城经济圈建设。此后，川渝两地政府以及生态环境、水利和林业等各部门积极响应总书记的指示，广泛展开跨区域合作，府际协议数量迅速增加。2020 年，川渝各部门共签署 71 份与成渝地区双城经济圈绿色协同发展相关的府际协议，达到近年来的峰值。2021 年和 2022 年的数量虽有所回落，但仍保持在高位。

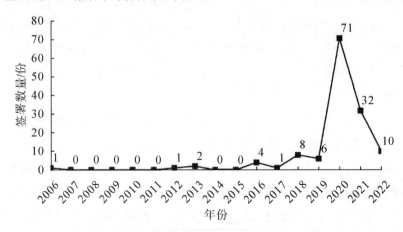

图 3-1 府际协议签署时间分布

3.2.1.2　签署主体

（1）地区分布

图 3-2 为成渝地区双城经济圈府际协议签署主体的地区分布情况。在 136 份府际协议中，重庆市级单位和四川省级单位分别参与了其中 62 份和 52 份的签订，远远大于城市群内其他城市参与签订协议的数量。除重庆市级和四川省级外，签署府际协议较多的城市有泸州市、广安市、成都市和遂宁市，数量分别为 15 份、14 份、13 份和 13 份。60.87% 的城市签署的府际协议数量小于 5 份，其中眉山市、雅安市等 7 个城市未签订与绿色协同发展相关的府际协议。总体来看，成渝地区双城经济圈绿色协同发展的府际协议签订主体主要为省级单位，市县级单位参与程度较低。

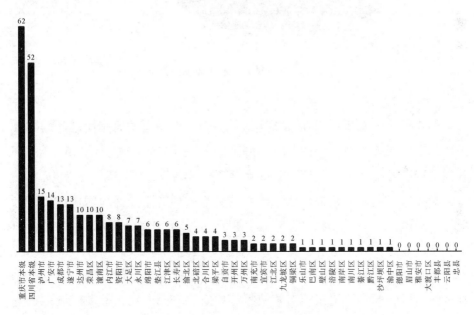

图 3-2　府际协议签署主体地区分布

（2）部门分布

图 3-3 为成渝地区双城经济圈绿色协同发展府际协议签署主体的部门分布情况。作为与绿色发展最直接相关的部门，生态环境部门是签署府际协议数量最多的主体，共计签署 51 份，占总体数量的 37.2%。其次是水利和林草部门，签订的协议数量占比分别为 16.1% 和 13.9%，协议主题多

与河长制和林业治理有关。气象部门也在气象保障服务方面积极展开合作，共签订 8 份协议，占总数量的 6.6%。自然资源部门签订协议占比为 5.8%，协议内容涉及国土空间生态修复、地理勘测等。法院和市场监管部门参与签订协议的占比较小。

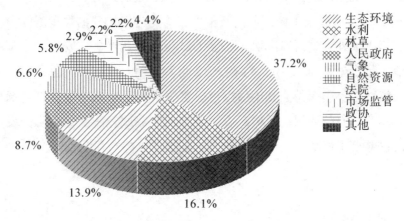

图 3-3 府际协议签署主体部门分布

（3）部门合作

图 3-4 为成渝地区双城经济圈绿色协同发展相关的府际协议签署主体部门的合作网络关系。整体上看，成渝地区双城经济圈内共有 152 个部门参与了绿色协同发展相关府际协议的签署，其中四川省 78 个、重庆市 74 个，参与部门众多。其中，合作次数最多的三对主体分别为四川省生态环境厅-重庆市生态环境局、四川省水利厅-重庆市水利局和四川省林草局-重庆市林业局，分别签署了 19 份、6 份和 5 份府际协议。

近十年来，成渝地区双城经济圈府际协议的签订主体逐渐丰富，越来越多的地区和部门开始在不同领域签订相应的府际协议，推动成渝地区双城经济圈绿色协同发展合作体系逐步完善。

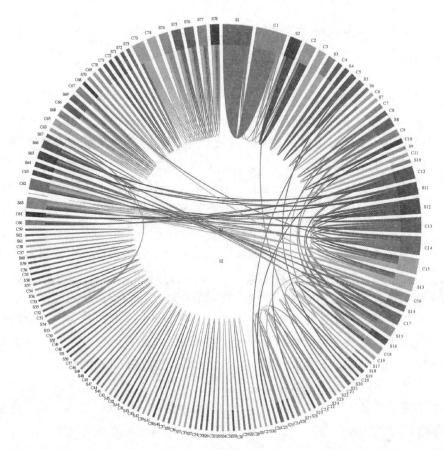

S1	四川省生态环境厅	S14	遂宁市河长制办公室	S27	自贡市生态环境局	S40	泸州市河长制办公室	S53	达州市大竹生态环境局	S66	达州市开江县人民政府
S2	四川省水利厅	S15	达州市大竹县人民政府	S28	广安市邻水县水务局	S41	资阳市安岳县水务局	S54	遂宁市市场监管局	S67	绵阳市市场监管局
S3	四川省林业局	S16	内江市生态环境局	S29	遂宁市船山区河长制办公室	S42	成都理工大学	S55	四川省环境保护产业协会	S68	泸州市中级人民法院
S4	四川省人民政府	S17	四川省环境保护厅	S30	四川省遥感信息测绘局	S43	泸州市合江县自然资源和规划局	S56	成都市武侯区生态环境局	S69	泸州市合江县人民法院
S5	遂宁市林业局	S18	成都市环境保护局	S31	四川省环境保护研究与规划局	S44	成都市林业局	S57	资阳市安岳县人民政府	S70	遂宁市河长制办公室
S6	四川省河长制办公室	S19	四川测绘地理信息局	S32	四川省第三测绘工程院	S45	成都市温江区生态环境局	S58	泸州市生态环境局	S71	遂宁市水务勘测局
S7	四川省自然资源厅	S20	资阳市安岳县林业局	S33	广安市人民政府	S46	四川省高院	S59	内江市隆昌区人民检察院	S72	资阳市安岳县政府
S8	泸州市生态环境局	S21	广安市林业局	S34	广安市邻水县河长制办公室	S47	资阳市乐至生态环境局	S60	绵阳市生态环境局	S73	内江市东兴区政府
S9	四川省生态环境科学研究院	S22	成都市生态环境局	S35	广安市邻水县河长制办公室	S48	内江市河长制办公室	S61	达州市开江县生态环境局	S74	内江市政协
S10	泸州市人民政府	S23	达州市人民政府	S36	遂宁市生态环境局	S49	大熊猫国家公园绵阳管理分局	S62	达州市大竹县林业局	S75	内江市隆昌区政协
S11	广安市邻水人民政府	S24	成都市青羊区林业局	S37	乐山市生态环境局	S50	宜宾市生态环境局	S63	资阳市龙马潭区政府	S76	内江市政府
S12	广安市新都区林业局	S25	成都市新都区生态环境局	S38	绵阳市林业局	S51	四川省财政厅	S64	泸州市达川区人民政府	S77	泸州市达川区政协
S13	广安市华蓥市林业局	S26	成都市成华区生态环境局	S39	共青团泸州市委	S52	成都高新区生态环境城管局	S65	泸州市达川区人民政府	S78	泸州市沪县政协

四川省

C1	重庆市生态环境局	C14	渝北区林业局	C27	铜梁区林业局	C40	江津区林业局	C53	沙坪坝区生态环境局	C66	江津区人民法院
C2	重庆市水利局	C15	长寿区林业局	C28	重庆市国土资源和房屋勘测规划院	C41	綦江区林业局	C54	大足区人民政府	C67	江津区石蟆镇人民法院
C3	重庆市林业局	C16	潼南区河长制办公室	C29	重庆市地理信息中心	C42	重庆市政府	C55	江津区市场监管局	C68	合川区河长制办公室
C4	重庆市人民政府	C17	梁平区生态环境局	C30	合川区生态环境局	C43	重庆高院	C56	荣昌区人民检察院	C69	开州区河长办公室
C5	渝南区生态环境局	C18	荣昌区林业局	C31	荣昌区林业局	C44	璧山区生态环境局	C57	重庆大数据研究院	C70	万州区河长制办公室
C6	重庆市河长办公室	C19	重庆市环境保护局	C32	长寿区河长制办公室	C45	长寿区河长制办公室	C58	梁平区生态环境局	C71	重庆市水利局水文与防御处
C7	重庆市规划和自然资源局	C20	自然资源部重庆测绘院	C33	潼南区生态环境局	C46	重庆缙云山国家级自然保护区管理局	C59	南岸区生态环境局	C72	重庆水文监测总站
C8	江津区生态环境局	C21	潼南区生态环境局	C34	大足区生态环境局	C47	潼南区生态环境局	C60	长寿区人民政府	C73	大足区政府
C9	永川区生态环境科学研究院	C22	渝中区生态环境局	C35	北碚区生态环境局	C48	重庆市财政局	C61	长寿区人民政府	C74	大足区政协
C10	重庆市生态环境科学研究院	C23	九龙坡区生态环境局	C36	共青团永川区林业局	C49	重庆高新区林业局	C62	铜梁区河长制办公室		
C11	永川区人民政府	C24	垫江县水利局	C37	永川区河长办公室	C50	垫江县生态环境局	C63	铜梁区河长制办公室		
C12	垫江县人民政府	C25	长寿区水务局	C38	大足区水利局	C51	潼南区市场监管局	C64	北碚区市场监管局		
C13	垫江县林业局	C26	江北区生态环境局	C39	重庆市辐射监督管理中心	C52	重庆市环境保护产业协会	C65	重庆市第五中级人民法院		

重庆市

图3-4　府际协议签署主体部门合作网络

注：图中各段代表各签署主体，宽度越宽说明该主体越和多主体之间有合作；连线代表两个主体之间的关联关系，连线越粗说明两主体间合作次数越多。后同。

3.2.2 合作网络

3.2.2.1 总体分析

（1）网络结构

图 3-5 显示了府际协议签署主体所在地区的网络关系。如图所示，四川省级单位和重庆市级单位之间的连线最粗，表明两者联系最为紧密，二者共同签署了 51 份府际协议。此外，联系较为紧密的还有遂宁市-潼南区、内江市-荣昌区、泸州市-永川区和广安市-长寿区等，分别签署了 9 份、8 份、6 份和 6 份府际协议。从节点大小来看，成都市、达州市、广安市、泸州市、遂宁市和资阳市等城市节点较大，处于网络中的相对中心位置。成都市多个城区与重庆市多个中心城区联系较为紧密，例如成都市龙泉驿区与重庆市南岸区、成都市青羊区与重庆市江北区、成都市武侯区与重庆市沙坪坝区等均签署了生态环境保护协议。资阳市和遂宁市位于成渝之间，与重庆市各区县地理位置接近，合作也更为紧密。广安市和达州市作为成渝地区双城经济圈东北部核心城市，与万州区、垫江县、长寿区等区县联合签署了多份协议，在网络中具有较大影响力，并且形成明显的子群。泸州市作为成渝地区双城经济圈南部核心城市，与江津区、荣昌区、永川区等区县之间同样签署了多份协议，在南部形成明显子群，地区影响力较大。总体来说，川渝毗邻地区的城市签订府际协议更为积极，其他地区参与度相对较低。

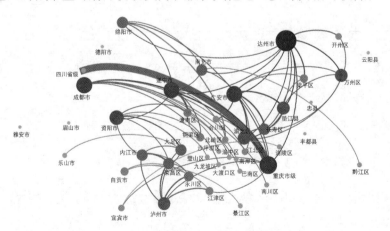

图 3-5 府际协议签署主体所在地区网络关系

注：节点的大小反映发文主体所在地区在网络之中的度数中心度大小，节点越大越处于网络中心，反之则处于网络边缘；连线的粗细反映各节点间关系的紧密程度，连线越粗合作关系越密切，反之则关联越弱。

（2）网络特征

①网络密度

整体网络密度为 0.070 5，表明网络中节点连接数少，网络结构松散。在这样的弱关系网络中，各成员之间合作不紧密、沟通交流少，导致信息流通渠道不畅，阻碍成渝地区城市间的相互协作和共同发展。

②中心度

表 3-4 是府际协议合作网络中各地区的度数中心度。其中，重庆市级单位和四川省级单位的度数中心度位居前两位，分别为 65 与 51，表明它们在成渝地区双城经济圈绿色协同发展府际协议的签署过程中与其他主体的合作能力以及在网络中的影响力最强。广安市、泸州市、达州市也具有较高的度数中心度，分别为 25、22 和 21，在网络中表现活跃，具有较强的影响力。度数中心度小于 10 的城市有 30 个，占城市总体数量的65.22%，其中眉山市、雅安市等 7 个城市的度数中心度为 0，与其他城市没有签订任何绿色协同发展方面的府际协议。从网络整体来看，度数中心势同样较低，为 2.55%。因此，在成渝地区双城经济圈绿色协同发展的府际协议合作网络中，仅有少部分城市间的联系较为紧密，大部分城市间的联系较为松散。

表 3-4　府际协议合作网络中各地区的度数中心度

排序	地区	度数中心度	排序	地区	度数中心度	排序	地区	度数中心度
1	重庆市本级	65	17	万州区	9	33	南川区	1
2	四川省本级	51	18	永川区	9	34	渝中区	1
3	广安市	25	19	江津区	7	35	乐山市	1
4	泸州市	22	20	梁平区	6	36	巴南区	1
5	达州市	21	21	合川区	5	37	沙坪坝区	1
6	遂宁市	19	22	南充市	5	38	綦江区	1
7	荣昌区	17	23	开州区	5	39	黔江区	1
8	垫江县	16	24	北碚区	5	40	眉山市	0
9	内江市	15	25	铜梁区	4	41	雅安市	0
10	渝北区	14	26	自贡市	3	42	德阳市	0
11	长寿区	14	27	江北区	2	43	大渡口区	0
12	成都市	13	28	九龙坡区	2	44	云阳县	0
13	潼南区	12	29	宜宾市	2	45	丰都县	0
14	资阳市	11	30	南岸区	1	46	忠县	0
15	大足区	11	31	璧山区	1			
16	绵阳市	10	32	涪陵区	1			

表 3-5 是府际协议合作网络中各地区的中间中心度。其中，重庆市级单位的中间中心度最高，达到 375，表明重庆市级单位处于网络的核心，在网络信息传播中起到重要的连接作用，对整体网络影响深远。成都市、达州市和遂宁市的中间中心度分列第 2 至 4 位，分别为 225、210 和 147，表明这些城市在网络中处于重要的桥梁位置，其他主体在合作过程中对它们的依赖程度较高。此外，还有 26 个城市的中间中心度为 0，表明这些城市对其他城市几乎没有影响，处于网络的边缘。从网络整体来看，中间中心势为 35.37%，处于较低水平，说明网络中桥梁节点的效果未能显现，大部分主体对其他主体的影响较小。

表 3-5 府际协议合作网络中各地区的中间中心度

排序	地区	中间中心度	排序	地区	中间中心度	排序	地区	中间中心度
1	重庆市本级	375	17	内江市	9	33	南川区	0
2	成都市	225	18	荣昌区	9	34	綦江区	0
3	达州市	210	19	万州区	3	35	黔江区	0
4	遂宁市	147	20	垫江县	1	36	雅安市	0
5	泸州市	106	21	大渡口区	0	37	沙坪坝区	0
6	资阳市	84	22	璧山区	0	38	铜梁区	0
7	江津区	55	23	四川省本级	0	39	潼南区	0
8	广安市	53	24	眉山市	0	40	九龙坡区	0
9	大足区	39	25	涪陵区	0	41	巴南区	0
10	自贡市	38	26	合川区	0	42	北碚区	0
11	宜宾市	37	27	德阳市	0	43	渝中区	0
12	南充市	37	28	乐山市	0	44	云阳县	0
13	江北区	32	29	丰都县	0	45	长寿区	0
14	永川区	15	30	开州区	0	46	忠县	0
15	绵阳市	14	31	梁平区	0			
16	渝北区	14	32	南岸区	0			

③凝聚子群

图 3-6 为府际协议合作网络中凝聚子群的分布状况。结果显示，府际协议合作网络中存在 3 个凝聚子群：一是东北部地区，包括达州市、广安市、南充市、垫江县、梁平区、万州区、长寿区等；二是南部地区，包括泸州市、荣昌区、内江市、江津区等；三是成都市和重庆市中心城区，包

括成都市、巴南区、九龙坡区、南岸区、沙坪坝区、渝中区等。总体来看，凝聚子群的分布与城市地理位置的相邻程度基本一致。

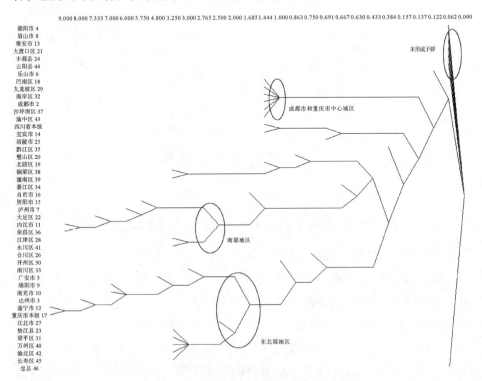

图3-6　府际协议签署主体所在地区凝聚子群

注：树状图左侧为各城市名称及其原始序号，凝聚子群分析将各城市进行重新排序，相似集群的城市排列在一起；顶部的比例为城市间聚集的级别，并对应于重叠的数量。

3.2.2.2　分时期分析

根据国家对成渝地区发展的重要战略部署节点，本研究将成渝地区双城经济圈的发展历程划分为西部大开发时期（2006—2010年）、成渝经济区时期（2011—2015年）、成渝城市群时期（2016—2019年）和成渝地区双城经济圈时期（2020年至今）4个时期。由于西部大开发时期（2006—2010年）仅有1份与成渝地区双城经济圈绿色协同发展相关的政策文献，因此本研究重点关注后3个时期。

（1）成渝经济区时期（2011—2015年）

图3-7展示了成渝经济区时期的合作网络关系。这一时期，仅成都市-重庆市、广安市-合川区以及四川省级单位-重庆市级单位3对主体之间有联

系。3 对主体签署了 3 份与绿色协同发展相关的协议，整体网络关系微弱。

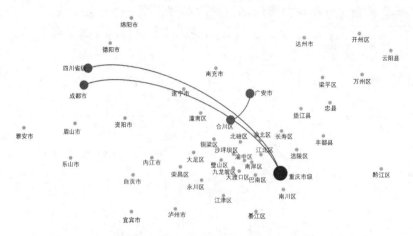

图 3-7　成渝经济区时期府际协议签署主体所在地区网络关系

（2）成渝城市群时期（2016—2019 年）

成渝城市群时期府际协议数量有所增加，共签署了 19 份相关协议。由图 3-8 可知，这一时期的合作网络主要分成 4 个子群，分别为四川省级单位-重庆市级单位、达州市-广安市-万州区-垫江县-长寿区-渝北区-合川区、遂宁市-潼南区-资阳市-铜梁区，以及内江市-荣昌区-泸州市-江津区。但整体上看，各城市间签署的府际协议数量仍然较少，未形成有效网络，只有省级单位或地理上相近的城市间产生了合作关系，大量城市游离在网络关系之外。

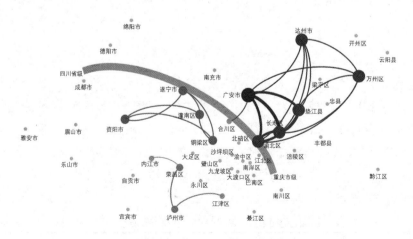

图 3-8　成渝城市群时期府际协议签署主体所在地区网络关系

（3）成渝地区双城经济圈时期（2020年至今）

成渝地区双城经济圈时期的府际协议数量较前两个时期大幅增加，共签署了113份与绿色协同发展相关的府际协议。如图3-9所示，这一时期签署府际协议的城市数量明显增加，84.09%的市（区、县）至少签署了1份府际协议，极大地拓展了合作网络。前两个时期合作较为密切的四川省级单位和重庆市级单位、东北部地区城市、南部地区城市等延续了良好的合作关系，签署了更多的府际协议，在网络关系中继续占据核心地位。其中，成都市多个城区与重庆市多个中心城区签署了近十份生态环境保护协议。遂宁市-潼南区、泸州市-永川区、资阳市-大足区等在其他领域已有合作基础的主体，在这个时期也加强了绿色协同发展方面的合作交流。

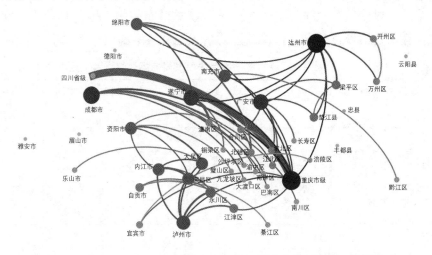

图3-9　成渝地区双城经济圈时期府际协议签署主体所在地区网络关系

纵观这三个时期，在成渝地区双城经济圈绿色协同发展府际协议的签署地区合作网络中，从最初仅有个别节点间的个别连线，到逐步形成分散的子群，再到目前"多点开花、多点联系"的合作网络，区域绿色发展合作稳步推进。

3.2.3　协议主题

由于难以完整获取收集到的136份府际协议的具体内容，故本部分仅针对协议名称进行主题分析。具体而言，将数据导入词频统计软件，去除"框架""战略""合作""协议""成渝""地区""经济圈"等出现频率较高但对主题分析无特殊贡献意义的词汇,形成整体和分时期的词频统计表。

3.2.3.1 总体分析

如表3-6所示,在136份府际协议中,"环境""生态""保护"的词频位列前三,表明与成渝地区双城经济圈绿色发展相关的府际协议以综合性的生态环境保护协议为主。其次是"联防""联控""协同""联合",说明很多协议都针对府际绿色发展的合作机制进行了具体的安排部署。成渝地区双城经济圈地处长江上游,长江沿岸各城市针对长江及其支流的流域治理和环境保护签署了较多的府际协议,因此"长江""流域""上游"等词的词频也较高。此外,词频较高的还有"林业""有害""生物"等,这是由于成渝地区双城经济圈内山脉和森林分布较多,因此林业发展保护和有害生物治理也是府际协议关注的重点主题。

表3-6 成渝地区双城经济圈绿色协同发展府际协议主题词频统计

关键词	词频	关键词	词频	关键词	词频	关键词	词频
环境	40	流域	14	机制	9	河流	7
生态	39	长江	14	联合	9	执法	6
保护	31	共建	10	林业	8	有害	5
联防	27	协同	10	上游	7	污染	5
联控	17	两地	9	气象	7	生物	5

3.2.3.2 分时期分析

(1)成渝经济区时期(2011—2015年)

成渝经济区时期仅签署了3份与绿色发展相关的府际协议。2012年7月,四川省遥感信息测绘院与重庆市国土资源和房屋勘测规划院签署了关于国土空间规划合作的战略协议;2013年10月,成渝两地首次就环境保护工作签署战略合作协议,内容涉及大气污染联防联控、水环境保护合作和应急联动机制合作等多个方面;2013年12月,广安市华蓥市气象局、重庆市合川区气象局签署《渠江流域气象应急管理联动协作协议》,旨在加强气象灾害预警处置能力。

(2)成渝城市群时期(2016—2019年)

如表3-7所示,在成渝城市群时期签署的19份府际协议中,"联防"

"联控""联动""联合"等强调协同治理的词频较高，突出了生态环境问题的整体性特征和跨区域协同共治的要求。其次是"长江""上游""河流"等与流域治理相关的词频，例如省级层面的协议有 2018 年四川省河长办和重庆市河长办签署的《跨省界河流联防联控合作协议》，市级层面的协议有 2017 年合川区和广安市签署的《南溪河联合治理行动合作协议》、2018 年荣昌区和内江市签署的《联合共治渔箭河框架协议》、2019年江津区和泸州市签署的《塘河流域环境保护联动协议》等。流域治理是这一时期合作最为频繁的领域，涉及多条河流的保护与治理。

表 3-7　成渝城市群时期府际协议主题词频统计

关键词	词频	关键词	词频	关键词	词频	关键词	词频
联防	8	上游	4	联动	3	一体化	1
环境	6	生态	4	城市	2	危险	1
联控	5	保护	3	流域	2	屏障	1
长江	5	河流	3	联合	2	有害	1

（3）成渝地区双城经济圈时期（2020 年至今）

如表 3-8 所示，在成渝地区双城经济圈时期签署的 113 份府际协议中，"生态""环境""保护"的词频位列前三。这一时期，有数十对主体签署了生态环境保护的综合性框架协议，例如遂宁市与潼南区、乐山市与大足区、绵阳市与北碚区、内江市与荣昌区、宜宾市与涪陵区、泸州市与江津区、成都市多个城区和重庆市多个中心城区等，生态环境保护一体化发展迈出了实质性步伐。

"林业""有害""生物"等林业相关主题词也多次出现。四川省林草局和重庆市林业局签署了有关筑牢长江上游重要生态屏障、林业和草原行政执法合作、自然保护地保护管理合作、森林草原防火联防联控以及重大林业有害生物联防联治等多个方面的合作协议。在省级林业部门的带动引领下，遂宁市与潼南区、泸州市与江津区、绵阳市与北碚区等地也签署了多份与林业管理相关的府际协议，进一步推动了区域间林业协同发展。

2020 年 1 月起，长江实行"十年禁渔"计划，由于成渝地区地处长江上游，因此这一时期"长江""执法"等相关主题词的出现频率也较高。多地市场监管部门签署了相应的合作协议，致力于形成执法合力，推动长江"十年禁渔"工作的落地落实。例如，2021 年，绵阳市、遂宁市与北碚区签署《"长江禁捕打非断链"跨区域执法合作协议》，泸州市与江津区签署《联合开展打击市场销售长江流域非法捕捞渔获物行动区域执法合作协议》，达州市大竹县与梁平区签署《跨界水域"十年禁渔"联合执法协作机制协议》，遂宁市和潼南区签署《两地长江交界水域禁渔打非及农产品质量安全执法检查联动协作协议》。

表 3-8　成渝地区双城经济圈时期府际协议主题词频统计

关键词	词频	关键词	词频	关键词	词频	关键词	词频
生态	35	联控	12	机制	8	执法	6
环境	33	流域	11	协作	7	气象	6
保护	27	协同	10	林业	7	有害	6
联防	19	长江	9	联合	7	生物	6

总体来看，成渝地区双城经济圈绿色协同发展的府际协议的关注重点日趋多元与深入，不仅强调城市间的联防联控与协同配合，而且具体针对区域内的多条河流与多座山脉签署了专门的保护协议。

3.3　成渝地区双城经济圈绿色协同发展政策文本

3.3.1　基础统计

3.3.1.1　时间分布

图 3-10 展示了成渝地区双城经济圈绿色协同发展相关政策文本的发布时间。如图所示，2011—2022 年，政策文本数量整体呈现波动上升的趋势。2011 年之前，成渝地区并未出台关于绿色协同发展的政策文件，直到2011 年《成渝经济区区域规划》发布后，成渝地区双城经济圈各地区才开始逐步制定相关政策。2011—2019 年，政策文本数量整体较少，变化幅度不大。从 2020 年国家提出建设"成渝地区双城经济圈"开始，在大量府际协议先行实践的背景下，与绿色协同发展相关的政策文本数量有了显著增加。

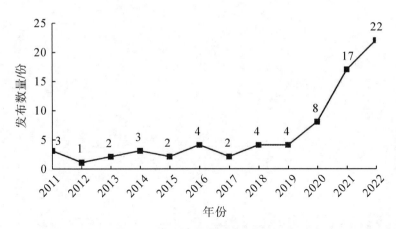

图 3-10　政策文本发文时间分布

3.3.1.2　发文主体

（1）地区分布

图 3-11 为成渝地区双城经济圈绿色协同发展相关政策文本的发文主体所在地区分布情况。在 72 份政策文本中，中央政府、四川省级单位和重庆市级单位分别参与了其中 10 份、41 份和 23 份政策文本的发布，是核心的发文主体。其中，中央和川渝联合发布政策文本 2 份，川渝联合发布政策文本 19 份。参与发文的市（区、县）及其发文的数量均较少，仅有53%的市（区、县）参与过绿色协同发展相关政策文本的发布，且发布数量多为 1 份。城市间联合发文的仅有 2019 年《重庆市大足区人民政府、四川省遂宁市安居区人民政府、四川省资阳市安岳县人民政府、重庆市璧山区人民政府、四川省简阳市人民政府、四川省隆昌市人民政府、四川省成都市龙泉驿区人民政府、四川省资阳市乐至县人民政府、重庆市荣昌区人民政府、重庆市铜梁区人民政府、重庆市潼南区人民政府、重庆市永川区人民政府关于印发〈成渝轴线区（市）县协同发展联盟 2019 年重点工作方案〉的通知》和 2020 年《绵阳市人民政府、重庆市北碚区人民政府关于印发推动成渝区双城经济圈建设合作三年行动计划（2020—2022 年）的通知》。

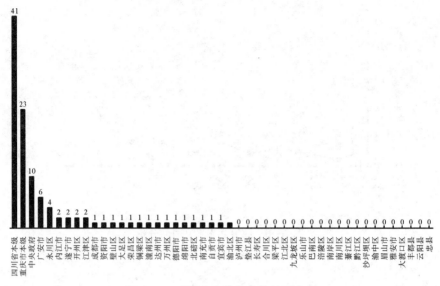

图 3-11　政策文本发文主体地区分布

（2）部门分布

图 3-12 为成渝地区双城经济圈绿色协同发展相关政策文本的发文部门分布情况。其中，发文数量前两位的主体分别是人民政府和发展改革委，共参与了 77.1% 的政策文本制定，内容涉及川渝示范区建设、长江经济带发展以及"双碳"联合行动等多个方面。其次是生态环境部门，发文占比为 6%，均为生态环境保护专项规划。交通运输部门和银保监会的发文占比均为 2.4%，二者分别在多份政策文件里对成渝绿色交通建设和绿色金融发展进行了规划。其他部门，包括自然资源、农业及邮政等部门的占比分别为 1% 左右，政策文本主要涵盖生态修复、宜居乡村、邮政绿色转型等领域，极大地丰富了成渝地区双城经济圈绿色协同发展政策体系。

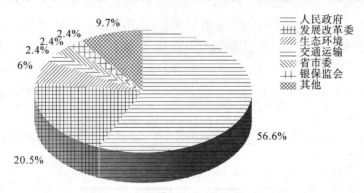

图 3-12　政策文本发文主体部门分布

（3）部门合作

图 3-13 为 28 份政策文本的联合发文主体部门（2 个及以上）的合作关系。国家发展改革委、重庆市人民政府、四川省人民政府与其他部门之间联系密切。其中，国家发展改革委分别联合生态环境部、交通运输部和住建部等部门发布了多份不同领域的成渝地区双城经济圈绿色协同发展指导性文件。重庆市人民政府和四川省人民政府之间的合作频率最高，联合发布了 11 份政策文本。重庆市发展改革委和四川省发展改革委之间的联系紧密程度仅次于川渝人民政府，二者联合发布了 6 份政策文本。此外，四川省自然资源厅与重庆市规划和自然资源局、绵阳市人民政府与北碚区人民政府等也联合发布了相关的政策文件，但其与网络内其他主体联系较少。

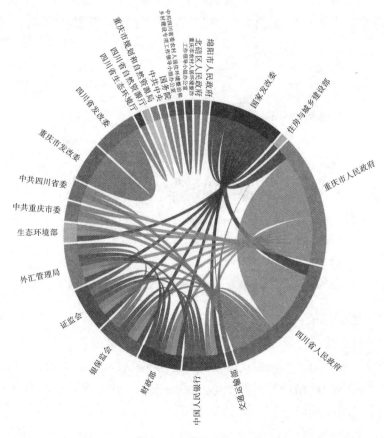

图 3-13　政策文本发文主体部门合作网络

3.3.2 合作网络

3.3.2.1 总体分析

（1）网络结构

在 72 份与成渝地区双城经济圈绿色协同发展相关的政策文本中，44 份为单一主体发文，占 61.11%；2 个及以上主体联合发文 28 份。图 3-14 为这 28 份政策文本发布主体所在地区的网络关系。其中，仅四川省级单位和重庆市级单位、绵阳市和北碚区、达州市和开州区，以及万州区、自贡市和内江市、成渝轴线区（市）县协同发展联盟中的成都市、内江市、遂宁市、资阳市、璧山区、大足区、荣昌区、铜梁区、潼南区、永川区之间有连线，其他城市未形成有效网络连接。其中，川渝省级单位联合发布了 20 份政策文本，其他主体组合均只联合发布过 1 份政策文本。

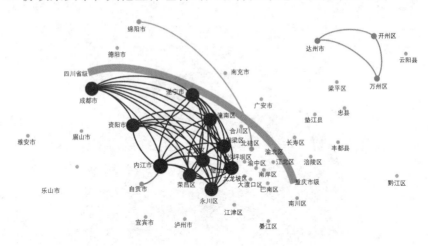

图 3-14　政策文本发文主体所在地区网络关系

（2）网络特征

①网络密度

相较于成渝地区双城经济圈绿色协同发展府际协议的合作网络，政策文本合作网络的网络密度更低，仅为 0.049 3，表明网络中节点连接数更少，网络结构更为松散。

②中心度

表 3-9 是政策文本合作网络中各节点的度数中心度。其中，四川省级

单位和重庆市级单位的度数中心度均为 21，并列最高，在政策文本的合作网络中具有最强的影响力。其次是成渝轴线区（市）县协同发展联盟城市，包括成都市、内江市、遂宁市、资阳市等。有 28 个城市未与其他城市联合发布过任何与绿色协同发展相关的政策文本。合作网络的度数中心势为 1.98%，较府际协议合作网络更低。

表 3-9　政策文本合作网络中各地区的度数中心度

排序	地区	度数中心度	排序	地区	度数中心度	排序	地区	度数中心度
1	四川省本级	21	17	北碚区	1	33	南川区	0
2	重庆市本级	21	18	自贡市	1	34	綦江区	0
3	内江市	10	19	南充市	0	35	黔江区	0
4	成都市	9	20	宜宾市	0	36	雅安市	0
5	荣昌区	9	21	大渡口区	0	37	沙坪坝区	0
6	资阳市	9	22	德阳市	0	38	江北区	0
7	潼南区	9	23	垫江县	0	39	江津区	0
8	遂宁市	9	24	眉山市	0	40	九龙坡区	0
9	永川区	9	25	涪陵区	0	41	巴南区	0
10	铜梁区	9	26	合川区	0	42	渝北区	0
11	璧山区	9	27	广安市	0	43	渝中区	0
12	大足区	9	28	乐山市	0	44	云阳县	0
13	达州市	2	29	丰都县	0	45	长寿区	0
14	万州区	2	30	泸州市	0	46	忠县	0
15	开州区	2	31	梁平区	0			
16	绵阳市	1	32	南岸区	0			

在政策文本合作网络的中间中心度方面，除了内江市的中间中心度为 9 以外，其他城市的中间中心度均为 0，整体网络的中间中心势为 0.91%。这表明在合作网络中，鲜有城市能够成为与其他城市合作的纽带。

③凝聚子群

图 3-15 为政策文本合作网络中的凝聚子群分布状况。结果显示，政策文本合作网络中存在 2 个凝聚子群：一是成渝轴线区（市）县协同发展联盟的成都市、内江市、璧山区、大足区等；二是川渝东北地区的达州市、开州区、万州区等。

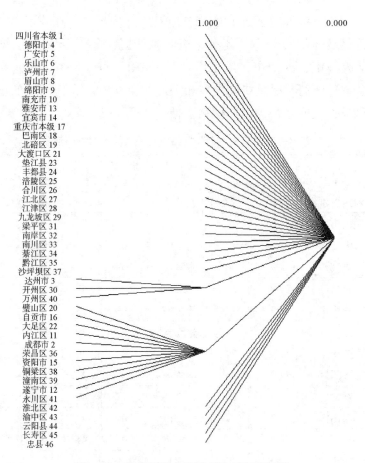

图 3-15　政策签署主体所在地区凝聚子群

3.3.2.2　分时期分析

（1）成渝经济区时期（2011—2015年）

这一时期出台的11项政策均为各地区单独发文，网络关系尚未形成。

（2）成渝城市群时期（2016—2019年）

这一时期出台的14项政策中，由不同地区联合发文的有2份，分别为2018年6月由重庆市人民政府和四川省人民政府印发的《深化川渝合作深入推动长江经济带发展行动计划（2018—2022年）》，以及2019年7月由荣昌区、永川区、遂宁市安居区等12个市（区、县）联合印发的《成渝轴线区（市）县协同发展联盟2019年重点工作方案》。如图3-16所示，网络关系图中存在少量节点连线和一个子群，合作网络关系初步形成。

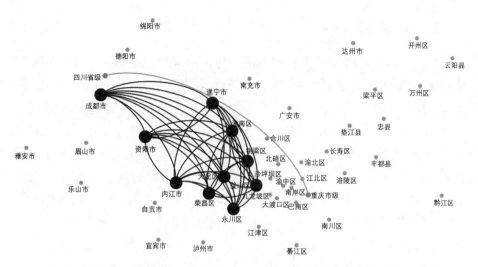

图 3-16 成渝城市群时期政策文本发文主体所在地区网络关系

（3）成渝地区双城经济圈时期（2020 年至今）

这一时期发布的 47 份政策文本中，由不同地区联合发布的有 22 份。其中，四川省级单位和重庆市级单位联合发布了 19 份，绵阳市和北碚区、万州区和达州市，以及开州区、自贡市和内江市各联合发布了 1 份。如图 3-17 所示，虽然较前两个时期政策文本数量有所增长，但是参与发文的城市数量依旧过少，整体网络关系非常稀疏。

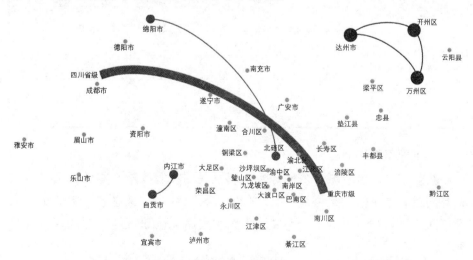

图 3-17 成渝地区双城经济圈时期政策文本发文主体所在地区网络关系

3.3.3 主题内容

为进一步了解成渝地区双城经济圈绿色协同发展的政策内容，本研究对 13 份完整政策文本和 59 份节选政策文本的主题分布特征进行了分析。具体来说，通过阅读政策文本内容将相同或相近的概念编码进入相同的节点容器，并引入"参考点"这一概念，用以表示在某一节点下编码的数量；1 次编码形成 1 项参考点，参考点越多，代表该节点内容在政策文本中被提及次数越多。本研究通过对 72 份政策文本的阅读和编码，形成"总体要求""主要任务""保障措施"3 个父节点以及 15 个一级子节点。"主要任务"是政策文本的核心内容，为便于详细分析，在其 5 个一级子节点下再创建 25 个二级子节点。

3.3.3.1 总体分析

（1）总体要求

如表 3-10 所示，"总体要求"父节点下参考点数值最大的一级子节点为"指导思想"和"工作目标"，远大于其他一级子节点。指导思想是政府政策的根本性价值，而工作目标是政策制定的核心目的。

表 3-10 "总体要求"参考点分布情况

一级子节点	涉及文本数量	参考点数值
指导思想	10	10
工作目标	13	13
工作原则	3	3
发展定位	3	3
发展格局	2	2

①指导思想

在与成渝地区双城经济圈绿色协同发展相关的政策文本中，出现频次最高的指导思想依次是习近平新时代中国特色社会主义思想、党的十九大及历次全会精神、习近平生态文明思想和成渝地区双城经济圈的建设部署要求。

②工作目标

工作目标基本分为 2025 近景目标和 2035 年远景目标。2025 年近景目标主要是成渝地区双城经济圈绿色协同发展工作取得实质性进展，新发展模式初步形成。2035年远景目标主要是成渝现代环境治理体系全面完善，成为践行"绿水青山就是金山银山"理念的样板地，建成美丽中国先行区。此外，生态环境部、国家发展改革委和川渝政府共同发布的《成渝地区双城经济圈生态环境保护规划》还提出了各项具体的目标指标（见表3-11）。

表3-11 《成渝地区双城经济圈生态环境保护规划》主要指标

序号	指标	2020年	2025年	属性
[1]	单位GDP二氧化碳排放降低（%）	—	〔19.5〕	约束性
[2]	非化石能源占能源消费总量比例（%）	33	>37	预期性
[3]	生态质量指数（EQI）	—	稳中向好	预期性
[4]	生态保护红线面积（万平方公里）	—	不减少	约束性
[5]	地级及以上城市空气质量优良天数比率（%）	87.9	>89.4	约束性
[6]	地级及以上城市$PM_{2.5}$浓度下降（%）	—	>〔13〕	约束性
[7]	国控断面水质达到或优于Ⅲ类的比例（%）	92.6	96	约束性
[8]	跨界河流国控断面水质达标率（%）	95.7	稳中向好	约束性
[9]	河流主要断面生态流量满足程度（%）	—	>90	约束性
[10]	城市声环境功能区夜间达标率（%）		85	预期性
[11]	县级城市建成区黑臭水体比例（%）	—	基本消除	预期性
[12]	县级及以上城市集中式饮用水水源水质达到或优于Ⅲ类比例（%）	100	100	预期性

注：〔〕内为五年累计值。指标[1][2]为重庆市、四川省两地平均值；若表中未做特别说明，则相关指标值均为成渝地区平均值。

（2）主要任务

成渝地区双城经济圈绿色协同发展相关政策文本中的主要任务大致包含"推动绿色低碳转型发展""筑牢长江上游生态屏障""持续改善生态环境质量""防范化解生态环境风险""协同推进环境治理体系现代化"五个方面。表3-12是"主要任务"父节点下各一级子节点参考点的分布情况。可以看出，五个方面均涉及较多的政策内容。

表 3-12 "主要任务"参考点分布情况

一级子节点	涉及文本数量	参考点数值
推动绿色低碳转型发展	41	108
筑牢长江上游生态屏障	43	114
持续改善生态环境质量	45	157
防范化解生态环境风险	29	41
协同推进环境治理体系现代化	54	130

①推动绿色低碳转型发展

如表 3-13 所示,"推动绿色低碳转型发展"一级子节点下包含 7 个二级子节点,涉及产业结构、生活方式和空间布局等方面,特别是产业结构转型升级的文本数量和参考点数值均明显多于和大于其他二级子节点。产业结构转型升级不仅有利于生态环境保护,而且更能促进经济社会发展,是绿色协同发展的重点内容。

表 3-13 "推动绿色低碳转型发展"参考点分布情况

二级子节点	涉及文本数量	参考点数值
升级绿色产业结构	24	32
优化绿色能源结构	5	7
推进碳排放达峰	9	9
践行绿色生活方式	17	19
推行绿色交通运输	7	7
节约利用生态资源	8	15
优化绿色空间布局	14	15

成渝地区双城经济圈"推动绿色低碳转型发展"的主要举措是实现产业结构绿色转型升级和能源结构绿色优化调整"双轮驱动",稳步推进区域碳排放达峰工作,践行绿色低碳生活方式,优化国土空间布局,并合理开发利用水资源、土地资源等生态资源。具体包括:第一,推动产业结构绿色转型,实现优化传统产业和加快发展新兴产业"双轮驱动",深化绿色创新;第二,促进能源结构绿色优化,发挥四川天然气和水电等清洁能源优势,同时推进煤炭消费结构绿色低碳转型,促进资源科学配置和节约

高效利用;第三,推进区域碳排放达峰,根据国家要求,有序开展碳达峰相关工作,建立健全应对气候变化的制度体系,构建温室气体减排激励机制;第四,践行绿色低碳生活方式,倡导低碳消费方式,减少一次性用品使用,鼓励公共绿色出行;第五,推行绿色交通运输方式,将生态优先、绿色发展理念贯穿综合交通运输体系建设全过程;第六,建立资源循环利用体系,合理开发利用水资源、土地资源,节约高效利用能源资源,重视循环利用可再生资源;第七,优化绿色空间布局,合理规划、科学布局生产、生活、生态空间。

②筑牢长江上游生态屏障

成渝地区双城经济圈位于长江上游,建立生态屏障对于国家整体生态安全具有重要意义,是成渝地区双城经济圈绿色协同发展的重要内容。如表3-14所示,"筑牢长江上游生态屏障"一级子节点下包含4个二级子节点,分别是构建生态格局、保护生态空间、修复生态系统和保护生物多样性。四个方面的内容在各政策文本中均有所提及且分布较为平均。

表3-14 "筑牢长江上游生态屏障"参考点分布情况

二级子节点	涉及文本数量	参考点数值
构建生态格局	26	31
保护生态空间	18	24
修复生态系统	24	34
保护生物多样性	21	23

成渝地区双城经济圈"筑牢长江上游生态屏障"的主要举措是强化长江上游生态大保护,共建区域生态安全格局,加强重要生态空间管控,统筹推进山水林田湖草沙系统修复和综合治理,联合开展生物多样性保护行动,着力提升生态系统稳定性和连通性,共同构建长江上游生态保护带。具体包括:第一,推进生态屏障和生态廊道建设,加强区域内岷山、大巴山、武陵山、嘉陵江、涪江、沱江等主要山脉及河流的生态保护,建立生态防护体系;第二,加大重要生态空间保护力度,推进对于土壤保持、水源涵养、生物多样性等重要生态功能的保护,整合优化各级各类自然保护地,强化生态保护红线刚性约束,并持续开展生态保护成效评估;第三,强化生态系统修复治理,针对水土流失、石漠化等环境问题展开综合治

理，并加强对河湖及岸线、矿区的生态修复；第四，联合开展生物多样性保护，严格落实长江十年禁渔计划，扩大珍稀濒危野生动植物生存空间，加强对外来物种入侵等生态安全问题的管控。

③持续改善生态环境质量

如表3-15所示，"持续改善生态环境质量"一级子节点下包含5个二级子节点，涉及水污染治理、大气污染治理、土壤污染治理、"无废"城市建设等方面的工作。其中，大气污染治理、水污染治理和"无废"城市建设的参考点数值显著高于其他方面，因此这三方面是改善生态环境质量的重点。

表3-15　"持续改善生态环境质量"参考点分布情况

二级子节点	涉及文本数量	参考点数值
治理水污染问题	37	48
治理大气污染问题	40	50
治理土壤污染问题	18	24
推动"无废"城市建设	22	30
解决突出生态环境问题	4	4

成渝地区双城经济圈"持续改善生态环境质量"的做法主要是共同开展区域水生态环境治理，深化大气污染联防联控，加强受污染耕地和建设用地管控修复，协同推进成渝地区双城经济圈"无废城市"建设，着力解决具有高关注度的环境问题。具体包括：第一，水生态环境治理，重点整治跨界污染水体，加强船舶和港口污染防治，提高污水收集率和处理率；第二，大气污染治理，实施 $PM_{2.5}$ 和臭氧污染连片整治，推进重点工业行业气体排放改造，探索重污染天气的联合应对；第三，固废及土壤治理，对重金属污染进行重点管控，保障建设用地的安全利用，开展农用地土壤污染分类管控；第四，"无废"城市建设，强化区域危险废物利用处置能力共享，推进生活垃圾分类和资源循环利用，促进主要农业废弃物全量利用；第五，解决突出生态环境问题，关注与人民群众关系紧密的其他环境问题，例如城市噪声污染、扬尘与餐饮油烟污染等。

④防范化解生态环境风险

如表3-16所示，"防范化解生态环境风险"一级子节点下包括3个二级子节点，涵盖环境风险防控与预警、环境应急准备与响应，以及重点领域环境风险管理三个方面的工作。其中,前两个方面的参考点数值相对较大,因此这两方面是防范化解环境风险的重点。

表3-16　"防范化解生态环境风险"参考点分布情况

二级子节点	涉及文本数量	参考点数值
环境风险防控与预警	14	15
环境应急准备与响应	20	21
重点领域环境风险管理	4	5

成渝地区双城经济圈"防范化解生态环境风险"的主要做法包括牢固树立区域环境风险防控底线意识,完善环境风险防控与预警机制,强化环境应急能力建设,加强重点领域环境风险管理,保障区域生态环境安全。具体包括:第一,完善环境风险防控与预警机制,推进区域、流域环境风险管控升级,加强环境风险源头防控,提升环境风险预警能力;第二,强化环境应急准备与响应机制,完善优化应急预案体系,提升环境应急保障水平和基层应急管理水平;第三,加强重点领域环境风险管理,加强尾矿库环境监管,推进辐射安全管理升级,开展新污染物治理行动,优化生态环境与健康管理机制。

⑤协同推进环境治理体系现代化

如表3-17所示,"协同推进环境治理体系现代化"一级子节点下包含6个二级子节点。参考点数值由大到小依次为创新市场化手段、建立统筹管理机制、提升环境治理能力、完善法制标准体系、推动环境示范建设以及强化顶层设计引领,反映出相关政策文本的关注重点。

表3-17　"协同推进环境治理体系现代化"参考点分布情况

二级子节点	涉及文本数量	参考点数值
建立统筹管理机制	27	32
完善法制标准体系	17	20
创新市场化手段	28	34
提升环境治理能力	24	29
强化顶层设计引领	4	4
推动环境示范建设	11	11

成渝地区双城经济圈"协同推进环境治理体系现代化"的做法主要是加强成渝地区生态环境管理协同、措施协同、政策协同、能力协同，建立区域生态环境保护一体化推进机制，强化区域统筹管理，完善区域法治标准，优化创新市场化手段，协同推进区域环境治理能力现代化。具体包括：第一，建立区域统筹管理体制机制，建立健全责任分解落实机制、区域高质量发展综合绩效评价考核机制、区域生态环保联动督察制度、区域排污许可统一管理制度、企业环境治理信用机制和公众参与机制等相关机制；第二，完善生态环境法治标准体系，深化区域立法司法协作，完善两地联合监管执法制度，统一区域生态环境标准；第三，优化创新区域市场化手段，建立健全环境权益交易、价格税费政策运用、生态保护补偿、多元化投融资、绿色金融等机制；第四，全面提升生态环境治理能力，共建区域生态环境监测网络，提升生态环境监管信息化水平，提高生态环境监管执法能力，联合开展重大环境问题科技攻关；第五，强化顶层设计引领，紧密结合相关国家重大战略，推动生态环境跨境保护；第六，推动环境示范建设，重视示范区的示范效应，利用示范区来进行问题突破和经验积累。

（3）保障措施

成渝地区双城经济圈绿色协同发展涉及面广、工作任务重、建设周期长，因此多项政策都对相应的保障措施进行了规定。如表3-18所示，在"保障措施"父节点下，工作机制和要素保障被提及的次数最多，这表明在当前的成渝地区双城经济圈绿色协同发展中，跨行政区的统筹协调尤为关键，包括制度、政策和人财物等。协同发展主要遵循自上而下的逻辑。另外，监督评估、宣传引导及组织领导等内容被提及的次数也较多。

表3-18 "保障措施"参考点分布情况

一级子节点	相近概念	涉及文本数量	参考点数值
工作机制	工作责任、对接协调、联席会议、统筹协调、整改方案、示范建设等	10	14
监管评估	监督评估、监管执法等	5	5
宣传引导	宣传教育、氛围营造等	7	8
要素保障	国家支持、智力支撑、资金保障等	10	12
组织领导	组织引领、组织实施等	6	6

①组织领导

组织领导是成渝地区双城经济圈绿色协同发展的先决条件和基础条件，需要府际构建科学合理高效的组织机制。重庆市生态环境局和四川省生态环境厅牵头做好统筹协调和综合服务，组织有关市（区、县）政府、部门和单位对接合作，共同研究重大事项，协商解决重大问题。

②要素保障

加强资金、人才、政策等要素保障，把生态环境治理作为基础性和战略性领域，予以重点财政保障，同时创新多元化投融资机制，拓宽融资渠道；强化智力支撑，重视人才队伍建设，加强各级生态环保领域主管部门与高校、科研院所、企事业单位的产学研合作，加大科研成果转换力度，提升科技支撑水平。

③宣传引导

开展多种形式的生态环保宣传教育，培育一批有成渝特色的生态文化品牌，加大对生态文明建设题材创作的支持力度，充分发挥新闻媒体的舆论引导和监督作用，积极营造全社会共同关心、支持、参与和监督生态环境保护工作的良好氛围。

④监管评估

对绿色协同发展各项相关政策要求的实施情况进行跟踪分析、监督检查、统筹协调，总结推广经验，围绕实施进展情况进行定期调度，引入第三方对规划执行情况进行中期评估和总结评估，评估结果向社会公布，接受社会监督。

3.3.3.2 分时期分析

（1）成渝经济区时期（2011—2015 年）

1999 年国家提出西部大开发战略后，成渝地区逐渐开始了更为密切的交流合作。川渝两地党政代表团分别于 2004 年和 2007 年进行互访，并签署了一系列涵盖基础设施建设、产业协作、旅游文化交流等多个方面的合作协议，但在生态环境治理方面的合作较为缺乏。2011 年国家发展改革委发布《成渝经济区区域规划》，在第八章以整章的形式对成渝地区的生态环境保护工作做出了具体要求。为积极响应国家政策，川渝政府出台了贯彻落实《成渝经济区区域规划》的行动方案，对生态环境保护工作进行了更细致的部署。2012 年国家发展改革委批复川渝合作示范区（广安片区）

建设总体方案，为贯彻落实方案，四川省人民政府和广安市人民政府在连续几年印发的年度合作示范区建设重点工作方案中都将生态环境保护列为一项工作内容。2014 年，四川省政府印发了《成渝经济区成都城市群发展规划（2014—2020 年）》和《成渝经济区南部城市群发展规划（2014—2020 年）》，均将生态环境保护作为重要内容纳入。

总体来看，成渝经济区时期关于绿色协同发展的政策文本数量较少，共 11 份（参见附录表 A）。这一时期缺乏专门针对成渝地区双城经济圈绿色协同发展的文件，大多为综合性政策文本的节选章节。

①总体要求

表 3-19 是成渝经济区时期的政策文本中"总体要求"的参考点分布情况。由于这一时期关于绿色协同发展的专门性文件仅有 1 份，即 2015 年自贡市人民政府办公室印发的《成渝城市群大气污染防治综合督查情况通报涉及问题整改实施方案》。因此，仅有该文件对"工作目标"进行了部分阐述。

表 3-19　成渝经济区时期"总体要求"参考点分布情况

一级子节点	涉及文本数量	参考点数值
指导思想	0	0
工作目标	1	1
工作原则	0	0
发展定位	0	0
发展格局	0	0

②主要任务

如表 3-20 所示，在"主要任务"中，"持续改善生态环境质量"的参考点数值最多，因此其是这一时期的政策重点；参考点数值次多的是"筑牢长江上游生态屏障"，并且各二级子节点分布较为均匀，关注到了生态屏障建立的各个方面；再次是"协同推进环境治理体系现代化"，重视管理机制的建立和治理能力的提升；"防范化解生态环境风险"强调建立针对大气、河流和地质灾害等不同环境风险的预警和应急机制；"推动绿色低碳转型发展"则强调节约利用生态资源和优化绿色空间布局。

表 3-20 成渝经济区时期"主要任务"参考点分布情况

一级子节点	参考点	二级子节点	涉及文本数	参考点数
推动绿色低碳转型发展	6	升级绿色产业结构	0	0
		优化绿色能源结构	0	0
		推进碳排放达峰	0	0
		践行绿色生活方式	0	0
		推行绿色交通运输	0	0
		节约利用生态资源	3	5
		优化绿色空间布局	1	1
筑牢长江上游生态屏障	17	构建生态格局	4	6
		保护生态空间	4	4
		修复生态系统	3	4
		保护生物多样性	3	3
持续改善生态环境质量	21	治理水污染问题	6	7
		治理大气污染问题	7	8
		治理土壤污染问题	1	1
		推动"无废"城市建设	4	5
		解决突出生态环境问题	0	0
防范化解生态环境风险	8	环境风险防控与预警	4	4
		环境应急准备与响应	4	4
		重点领域环境风险管理	0	0
协同推进环境治理体系现代化	11	建立统筹管理机制	3	3
		完善法制标准体系	0	0
		创新市场化手段	2	2
		提升环境治理能力	4	5
		强化顶层设计引领	0	0
		推动环境示范建设	1	1

③保障措施

"保障措施"方面与"总体要求"情况一样,由于仅有 1 份完整的政策文本，因此涉及的文本数量和参考点数值均较少，其中重点强调了工作机制的建立。

表 3-21　成渝经济区时期"保障措施"参考点分布情况

一级子节点	涉及文本数量	参考点数值
工作机制	1	3
监管评估	1	1
宣传引导	1	1
要素保障	0	0
组织领导	1	1

（2）成渝城市群时期（2016—2019 年）

2016 年 4 月，国家发展改革委、住建部正式印发的《成渝城市群发展规划》，成为继《成渝经济区区域规划》后引领成渝地区协同发展的第二个国家级战略文件。《成渝城市群发展规划》的第六章以专章形式对成渝地区的生态环境保护做出了部署、要求及指引。这一时期，四川省政府和广安市政府继续发布川渝合作示范（广安片区）年度建设重点工作方案，其中均包含生态环境保护的工作内容。与前一时期不同的是，这一时期有更多的地市政府颁布了融入成渝城市群建设的政策文本，例如四川省宜宾市、重庆市永川区和重庆市江津区等。此外，重庆市荣昌区、四川省遂宁市安居区等 12 个区县还联合发布了《成渝轴线区（市）县协同发展联盟 2019 年重点工作方案》，进一步充实了成渝地区双城经济圈绿色协同发展政策体系。

总体来看，这一时期的 14 份政策文件中依然没有专门的绿色协同发展文件，区域绿色协同发展仍处于缓慢起步阶段。

①总体要求

如上所述，由于成渝城市群时期的相关政策文本均为综合性文件的节选，因此缺乏对于绿色协同发展的"总体要求"。

②主要任务

如表 3-22 所示，成渝城市群时期"主要任务"参考点下的总体编码数为 123，政策文本内容较前一时期有所丰富。与成渝经济区时期一样，在 5 个一级子节点中，"持续改善生态环境质量"的参考点数值最多，且数量远多于其他节点，生态环境的改善主要集中于水污染和大气污染的协同治理；参考点数值次多的是"筑牢长江上游生态屏障"和"协同推进环境治理体系现代化"，其中后者较前一时期多了一些针对创新市场化手段的政策内容；"推动绿色低碳转型发展"和"防范化解生态环境风险"涉及的政策内容则较少。

表 3-22 成渝城市群时期"主要任务"参考点分布情况

一级子节点	参考点	二级子节点	涉及文本数	参考点数
推动绿色低碳转型发展	16	升级绿色产业结构	2	5
		优化绿色能源结构	0	0
		推进碳排放达峰	1	1
		践行绿色生活方式	3	3
		推行绿色交通运输	0	0
		节约利用生态资源	1	5
		优化绿色空间布局	2	2
筑牢长江上游生态屏障	28	构建生态格局	3	4
		保护生态空间	4	6
		修复生态系统	6	11
		保护生物多样性	7	7
持续改善生态环境质量	50	治理水污染问题	13	18
		治理大气污染问题	13	18
		治理土壤污染问题	3	6
		推动"无废"城市建设	5	7
		解决突出生态环境问题	1	1
防范化解生态环境风险	12	环境风险防控与预警	3	4
		环境应急准备与响应	5	6
		重点领域环境风险管理	1	2
协同推进环境治理体系现代化	17	建立统筹管理机制	2	2
		完善法制标准体系	2	2
		创新市场化手段	5	5
		提升环境治理能力	5	6
		强化顶层设计引领	1	1
		推动环境示范建设	1	1

③保障措施

"保障措施"方面与"总体要求"情况一样，由于没有完整的政策文件，因此缺乏专门针对区域绿色协同发展的"保障措施"。

（3）成渝地区双城经济圈时期（2020年至今）

2020年中央财经委员会第六次会议首次提出建设"成渝地区双城经济圈"。随后，2021年和2022年多份重要政策陆续颁布。2021年10月，中共中央和国务院印发的《成渝地区双城经济圈建设规划纲要》是这一时期的纲领性文件，其中的第八章为"共筑长江上游生态屏障"。这一时期，中央针对成渝地区双城经济圈发布的有关交通、金融、邮政等文件中均包含了与绿色发展相关的内容。因此，这一阶段的政策文本分析纳入了多份中央文件，这是前两个时期没有的特征。此外，川渝两地政府出台的综合性协同发展方案中也都包含生态环境治理的内容。各地市，例如四川省绵阳市、南充市，重庆市北碚区及渝北区等也积极发布关于贯彻落实《成渝地区双城经济圈建设规划纲要》的行动方案，并将这一纲领性文件转化为具体的地方行动。与前两个时期不同，这一时期发布了多份专门针对绿色协同发展的政策文件，例如《成渝地区双城经济圈生态环境保护规划》《成渝地区双城经济圈碳达峰碳中和联合行动方案》《关于推进成渝地区双城经济圈共建"无废"城市指导意见》《明月山绿色发展示范带总体方案》《推动川渝能源绿色低碳高质量发展协同行动方案》等。

这一时期的政策文本共有47份，不论是政策数量还是政策内容都得到了极大丰富，成渝地区双城经济圈绿色协同发展进入高速推进的新阶段。

①总体要求

如表3-23所示，在成渝地区双城经济圈时期，"指导思想"和"工作目标"是"总体要求"父节点下参考点数值最大的两个一级子节点，是政策文本的核心要求。其中，除了12份政策文件全文明确了工作目标外，《交通运输部关于四川省开展成渝地区双城经济圈交通一体化发展等交通强国建设试点工作的意见》的第三章"推动公园城市交通绿色发展"也对工作的预期成果做出了具体界定。

表3-23 成渝地区双城经济圈时期"总体要求"参考点分布情况

一级子节点	涉及文本数量	参考点数值
指导思想	10	10
工作目标	13	13
工作原则	3	3
发展定位	3	3
发展格局	2	2

②主要任务

如表3-24所示，在成渝地区双城经济圈时期的"主要任务"中，"协同推进环境治理体系现代化"是参考点数值最多的二级子节点。随着成渝地区双城经济圈协同发展的不断推进，政策文件内容越来越注重"合作导向型"治理，强调生态环境的管理协同、措施协同、政策协同、能力协同，并对政府治理能力提出了现代化要求，以治理创新与政策创新驱动绿色协同发展水平提升。

在"推动绿色低碳转型发展"中，随着2020年"双碳"目标的提出，政策文本对区域绿色低碳转型提出了更高要求。例如，"推动绿色低碳转型发展"在2022年2月发布的《成渝地区双城经济圈碳达峰碳中和联合行动方案》中被提及5次，在2022年9月发布的《四川省推动成渝地区双城经济圈建设生态环境保护专项规划》中被提及7次。

成渝地区双城经济圈共筑生态屏障对于确保长江流域生态安全、支撑长江经济带发展具有独特而重要的作用。因此，"筑牢长江上游生态屏障"的参考点数值也较大，其重点关注了生态格局构建和生态系统修复的议题。

"持续改善生态环境质量"的参考点虽然多于前两个时期，但在政策内容中所占的比例有所下降。这一时期的"持续改善生态环境质量"主要强调提升环境治理能力，完善治理机制，用制度创新来预防和处理跨界环境问题，改善生态环境质量，包括生态补偿制度、环境权益交易机制、企业环境治理信用机制以及区域生态环保联动督察制度等。

"防范化解生态环境风险"的参考点较少，但在《成渝地区双城经济圈生态环境保护规划》被集中提及，占到全文字数的10.61%。

表 3-24　成渝地区双城经济圈时期"主要任务"参考点分布情况

一级子节点	参考点	二级子节点	涉及文本数	参考点数
推动绿色低碳转型发展	82	升级绿色产业结构	22	27
		优化绿色能源结构	5	7
		推进碳排放达峰	8	8
		践行绿色生活方式	14	16
		推行绿色交通运输	7	7
		节约利用生态资源	4	5
		优化绿色空间布局	11	12
筑牢长江上游生态屏障	67	构建生态格局	19	21
		保护生态空间	10	14
		修复生态系统	15	19
		保护生物多样性	11	13
持续改善生态环境质量	90	治理水污染问题	18	23
		治理大气污染问题	20	24
		治理土壤污染问题	14	17
		推动"无废"城市建设	13	18
		解决突出生态环境问题	3	3
防范化解生态环境风险	21	环境风险防控与预警	7	7
		环境应急准备与响应	11	11
		重点领域环境风险管理	3	3
协同推进环境治理体系现代化	102	建立统筹管理机制	22	27
		完善法制标准体系	15	18
		创新市场化手段	21	27
		提升环境治理能力	15	18
		强化顶层设计引领	3	3
		推动环境示范建设	9	9

③保障措施

如表 3-25 所示,在"保障措施"的 5 个一级子节点中,"要素保障"的参考点数值最大,其次是"工作机制"。此二者是保障措施中最为重要的两个方面。

表 3-25　成渝地区双城经济圈时期"保障措施"参考点分布情况

一级子节点	涉及文本数量	参考点数值
工作机制	9	11
监管评估	4	4
宣传引导	6	7
要素保障	10	12
组织领导	5	5

3.3.4　共现关系

3.3.4.1　总体分析

为进一步挖掘有关成渝地区双城经济圈绿色协同发展的政策文本，本部分对文本内容的共词网络进行了分析。图 3-18 是整体的共词网络关系图。图 3-19 是其中 30 个高频关键词的聚类分析结果。结果显示，有关成渝地区双城经济圈绿色协同发展的政策文本重点关注了 4 个聚焦点，分别是协同治理、绿色发展、生态保护和风险应急。

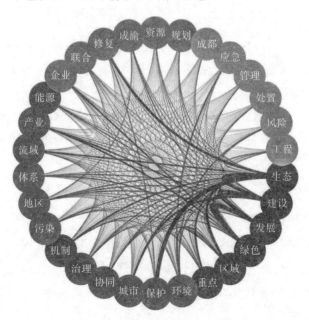

图 3-18　成渝地区双城经济圈绿色协同发展政策文本共词网络

注：关键词圆圈颜色越深，表明该词在文本中出现的频次越高；两个关键词间的线条越粗，表明其在文本中共同出现的次数越多，共现关系越强。后同。

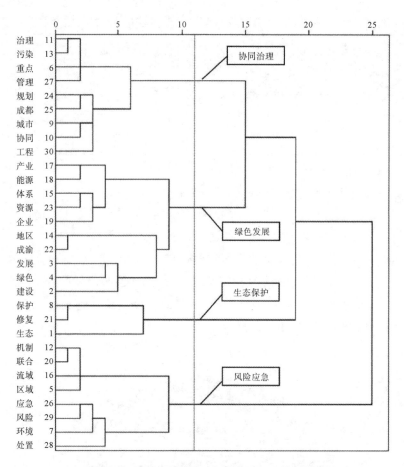

图 3-19　成渝地区双城经济圈绿色协同发展政策文本聚类分析

注：竖轴为各关键词和其词频排序；横轴为各类别的相对距离，组间距离越长，组内距离越短，聚类结果越好。后同。

（1）协同治理

推动污染协同治理，改善生态环境质量。成渝地区双城经济圈的污染治理问题一直是政策文本关注的重点。《成渝经济区区域规划》《成渝城市群发展规划》《成渝地区双城经济圈建设规划纲要》三份中央核心文件均有专门章节涉及环境污染问题的协同治理，包括水污染、大气污染和土壤固废污染等。

（2）绿色发展

推动绿色低碳发展，实现产业和能源结构调整"双轮驱动"。"产业"

与"绿色"以及"产业"与"发展"的共现频次分别为 621 次和 602 次。在聚类分析图中，"绿色发展"聚类包括"能源""产业""企业"等关键词。生态环境部、国家发展改革委和川渝政府联合发布的《成渝地区双城经济圈生态环境保护规划》首先聚焦的便是绿色转型发展。此外，川渝政府也发布了多份相关政策文件，例如《重庆市人民政府办公厅、四川省人民政府办公厅关于印发推动川渝能源绿色低碳高质量发展协同行动方案的通知》《成渝地区双城经济圈碳达峰碳中和联合行动方案》等。

（3）生态保护

突出生态环境保护，促进人与自然和谐共生。"生态"和"保护"在政策文本关键词中的共现关系最强，远超其他关键词词组。党的十八大以来，在习近平生态文明思想的指引下，我国把生态文明建设摆在治国理政的突出位置。成渝地区双城经济圈绿色协同发展相关政策文件严格贯彻落实中央对成渝地区长江上游生态屏障、高品质生活宜居地的定位要求，持续加强生态环境保护。

（4）风险应急

完善环境风险防控与预警机制，强化环境应急能力建设。"应急"和"环境"的共现频次为 544 次，而"风险"和"环境"的共现频次为 532 次。随着环境问题的日益复杂与风险防范意识的增强，防控区域环境风险，建立风险预警和应急响应机制已逐渐成为成渝地区双城经济圈绿色协同发展的重点。

3.3.4.2 分时期分析

（1）成渝经济区时期（2011—2015 年）

图 3-20 是成渝经济区时期 11 份政策文本的共词网络图。图 3-21 是其中 30 个高频关键词的聚类分析结果。结果显示，这一时期成渝地区双城经济圈绿色协同发展的政策文本的三个聚焦点分别是大气污染、生态建设和资源利用。

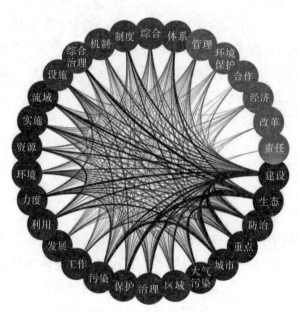

图 3-20　成渝经济区时期共词网络

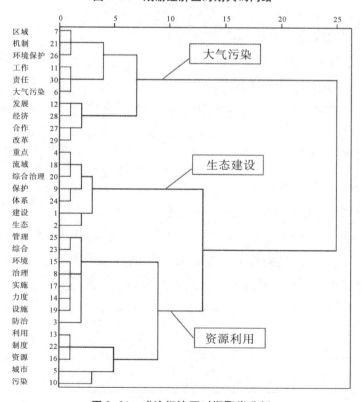

图 3-21　成渝经济区时期聚类分析

①大气污染

"大气污染"是成渝经济区时期政策文本中的高频词汇，共出现了 29 次，位于词频表第六位。"大气污染"与"防治"的共现关系也较强，共现次数达到 52 次。2010 年以来，由于高污染排放和不利地理环境等因素的影响，成渝地区复合型大气污染问题凸显。这一时期的综合性政策文本均强调了大气污染防治问题。

②生态建设

"生态"和"建设"是成渝经济区时期政策文本中词频最高的两个关键词，分别出现了 71 次和 64 次。"生态"和"建设"的共现关系也最强，共同出现了 106 次。"生态建设"聚类包含流域保护、城市污染、环境治理等小群组。具体政策包括围绕四川盆地和区域内的多条河流建立生态圈和生态带，推进国家级自然保护区、森林公园和湿地公园的建设，实施天然林保护、石漠化治理、水土流失综合治理等重大生态修复工程等。

③资源利用

强调资源合理利用与环境经济协调发展。与国家"建设资源节约型、环境友好型社会"精神相一致，政策文本主要从节约集约利用土地资源、合理开发利用水资源、加强资源综合利用等三个方面对资源利用和管理进行规定。此外，政策文本也强调了经济发展和生态保护之间的平衡，相关关键词词频较高，共词关系密切，例如"生态"和"保护"的共现次数为 83 次，"城市"和"建设"的共现次数为 73 次。

（2）成渝城市群时期（2016—2019 年）

图 3-22 是成渝城市群时期 14 份政策文本的共词网络图，其中 30 个高频关键词的聚类分析结果如图 3-23 所示。这一时期成渝地区绿色协同发展的政策文本的两个聚焦点分别是协同治理和绿色城市。

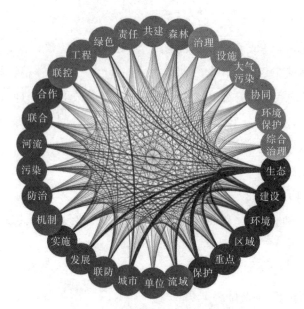

图 3-22　成渝城市群时期共词网络

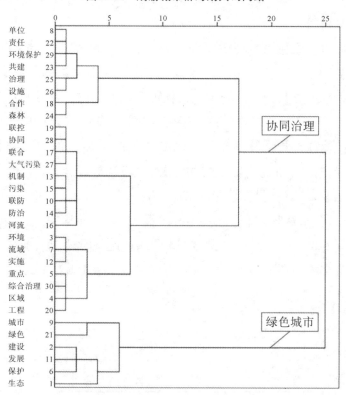

图 3-23　成渝城市群时期聚类分析

①协同治理

30 个高频关键词中有 6 个与协同治理相关，包括"联防""联合""联控""共建""协同""合作"，合计在文本中出现 113 次。"协同治理"聚类包含大气污染治理、森林生态保护、流域生态治理等小群组，表明成渝地区绿色发展的协同治理逐渐发展到多个领域。

②绿色城市

"城市"与"生态"以及"城市"与"绿色"的共现关系较强，共现频次分别为 126 次和 58 次。城市群作为新型城镇化的主体形态，具有发展集聚效率高、辐射作用大、城镇体系优、功能互补强等特征（易森，2021）。成渝城市群时期的绿色协同发展政策文本更加关注城市及城市群的绿色发展与建设，包括推进城市建设绿色化、产业园区循环化和生态化、倡导生活方式低碳化等。

（3）成渝地区双城经济圈时期（2020 年至今）

图 3-24 是成渝地区双城经济圈时期 47 份政策文本的共词网络图。其中30 个高频关键词的聚类分析结果如图 3-25 所示。这一时期成渝地区双城经济圈绿色协同发展的政策文本的聚焦点为治理能力、生态修复和绿色产业。

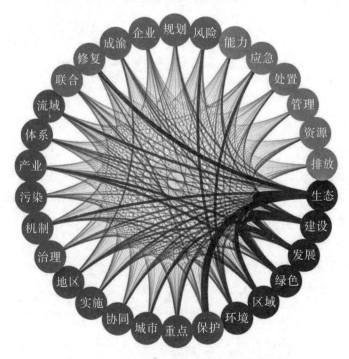

图 3-24　成渝地区双城经济圈时期共词网络

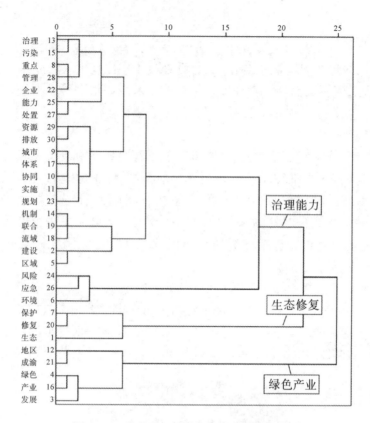

图 3-25　成渝地区双城经济圈时期聚类分析

①治理能力

"机制""能力"的出现频次分别为 283 次和 190 次;"生态"与"机制"共同出现了 541 次,"能力"与"建设"共同出现了 349 次,共现频次分别为 541 次和 349 次。成渝地区双城经济圈时期的政策文本对于政府的绿色治理体系和治理能力提出了不断创新的要求,包括建立统筹管理机制、完善法治标准体系、优化市场化手段等。

②生态修复

"修复"的出现频次达到了 216 次,且与"生态"之间的共现关系明显,共同出现 792 次。"修复"和"保护"之间的共现关系也较强,共同出现了 357 次。同时,"保护""修复""生态"三个关键词还在聚类分析中形成单独聚类。2019 年 4 月,习近平总书记在重庆考察时提出要"加强生态保护与修复,筑牢长江上游重要生态屏障"。2021 年《成渝地区双城经济圈建设规划纲要》第八章专门提出"共筑长江上游生态屏障",《"十四五"长江经济带发展实施方案》也强调要把保护修复长江生态环境摆在压倒性位置。

③绿色产业

相较于前两个时期,"绿色"在政策文本中的出现频次显著增加,达到 590 次。"产业""绿色""发展"三者之间的共现关系较强,"产业""绿色"共同出现 474 次,"产业""发展"共同出现 516 次,"绿色""发展"共同出现 1 167 次。产业绿色转型在三个时期的政策文本中虽均有所提及,但基于"双碳"目标和战略的提出,成渝地区双城经济圈时期对产业转型升级提出了更高要求。

(4)整体变化趋势

图 3-26 展示了不同时期政策聚焦点的变化情况。在成渝地区双城经济圈绿色协同发展的三个阶段中,不同领域的政策聚焦点发生了显著的迁移演化:在污染治理领域,政策文本从早期关注大气等具体领域的污染防治工作到后期强调联防联控的协同治理机制以及治理体系和治理能力的现代化建设,期望通过建立高效的制度机制来应对区域环境问题;在生态保护领域,成渝经济区时期强调生态工程的建设,成渝城市群时期突出城市生态空间的保护,到了成渝地区双城经济圈时期,生态安全被摆到了前所未有的突出位置,特别是生态屏障、生态系统和生态环境风险的应对与化解;在转型发展领域,早期的政策文本较为关注资源的合理利用以及经济与环境的协调发展,后期的则强调"双碳"目标下的绿色城市转型和绿色产业转型,包括推进城市建设绿色化、产业园区循环化和生态化,实现产业结构绿色转型升级和能源结构绿色优化调整"双轮驱动",倡导生活方式低碳化。

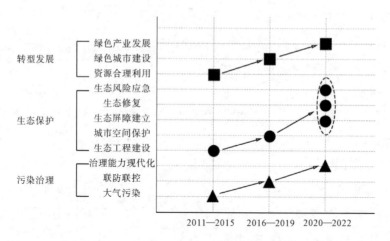

图 3-26　成渝地区双城经济圈绿色协同发展政策文本聚焦点的阶段性演进

3.4　综合分析

3.4.1　时间分布

如图 3-27 所示，成渝地区双城经济圈绿色协同发展的府际协议和政策文本数量总体呈现波动上升趋势，特别是在 2011 年《成渝经济区区域规划》、2016 年《成渝城市群发展规划》以及 2020 年中央首提成渝地区双城经济圈等三个关键节点，政策文本和府际协议数量均显著增加。2020年，与绿色协同发展相关的政策文献数量达到了最高点，共计 79 份。在中央政府政策的引领与推动下，成渝地区双城经济圈各级政府的绿色协同发展意识从无到有，对绿色协同发展的重视程度不断加深。

对比府际协议和政策文本的数量还可以发现，府际协议的数量在 2020年达到峰值，之后逐年递减，而政策文本数量在 2020 年后依然呈上升趋势。2020 年 1 月中央首提成渝地区双城经济圈建设后，区域内各级地方政府以及各部门积极响应，签订了大量绿色发展合作协议，为后续政策的出台提供了参考依据。在《成渝地区双城经济圈建设规划纲要》与《成渝地区双城经济圈生态环境保护规划》的指导下，成渝地区双城经济圈的绿色协同发展政策文件数量不断上升。

但是，与成渝地区双城经济圈绿色协同发展相关的府际协议和政策文本（208 份）合计只占本区域协同发展政策文献总量（1 855 份）的11.23%。区域绿色发展意识与协作仍然有待加强。

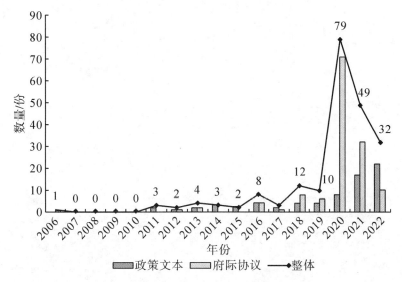

图 3-27　成渝地区双城经济圈绿色协同发展政策文献数量年度分布

3.4.2　合作网络

如图 3-28 所示，成渝经济区时期涉及区域绿色协同发展的政策文献较少，仅 14 份，而其中不同地区联合发布的仅有 3 份，区域间绿色协同发展水平较低，合作网络单一。成渝城市群时期，绿色协同发展的相关政策文献数量增加到 33 份，地区合作网络分成 3 个相互独立的子群，网络关系松散。成渝地区双城经济圈时期，政策文献数量大幅增加，达到 160 份，地区合作网络拓展到 37 个城市。纵观三个阶段，各地区主体之间的合作越来越紧密，但发文主体仍集中于省级单位，市级单位合作积极性不高。区域合作多集中于川渝毗邻地区，跨地区合作较少。

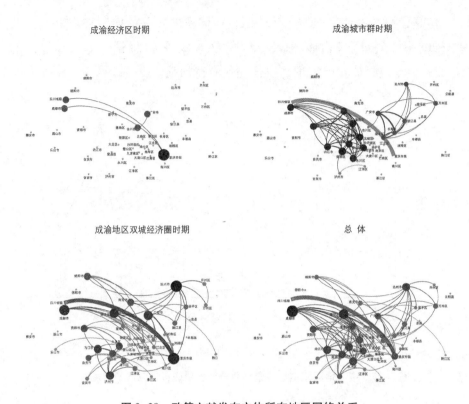

图 3-28 政策文献发布主体所在地区网络关系

3.4.3 政策主题

经过三个时期的发展，成渝地区双城经济圈绿色协同发展的政策主题日趋丰富，主题关联日渐紧密，特别是成渝地区双城经济圈时期，政策数量大幅增长。总体来看，近二十年，成渝地区双城经济圈绿色协同发展的政策主题变迁呈现出以下特征。

第一，政策理念从强调管理的"问题导向型"转向强调治理的"合作导向型"。成渝地区双城经济圈绿色协同发展早期的政策制定逻辑主要是"问题导向型"，即针对特定问题制定相应政策。进入中后期后，各级政府越来越意识到合作治理的重要性，在政策制定中逐渐形成了"合作导向型"的理念。这种转变与成渝地区的发展阶段和环境问题性质密切相关。成渝地区早期的环境问题相对较单一，各地区治理主体主要采取属地化环境治理模式，区域协作程度不高。随着工业化、城市化和区域经济一体化发展，区域复合型环境问题愈加突出，属地化治理模式逐渐不能完全适应现实需求，于是相关治理主体开始探索区域合作的治理模式。

第二，决策关注点从"事后控制"转向"事前控制"。污染防治、流域管理、保护区管理、危险物转移管理等跨区域环境问题一直是成渝地区双城经济圈绿色协同发展的重要内容。前期的政策文献更侧重具体的"事中控制"和"事后控制"，即针对已发生的环境问题制定相关政策方案，包括污染防治计划的编制以及污染问题的末端治理。区域性环境问题的日益突出对府际合作提出了更高要求，但由于区域绿色协同发展可能面临因成本收益分摊不均衡、激励惩罚执行不平等而引发的"搭便车"和"囚徒困境"等问题，以及组织协调难度大、协作成本高和问责困境等限制（范永茂 等，2016），因此后期的政策文献更关注建立制度化的预防和监督执行机制来应对跨界环境问题，包括"建立统筹管理机制""完善法制标准体系""创新市场化手段"等。

第三，政策结构从"碎片化"转向"整体性"。伴随着区域工业化和城市化发展水平的不断提高，大气污染、水污染、固体废弃物等区域性环境问题愈加严峻复杂。针对跨界环境污染治理，早期的政策关注点较为分散，政策规定较为宽泛，政策主题相对单一。后期的政策客体逐渐丰富，纳入了"无废"城市建设和碳排放管理等相关内容；政策内容更加强调区域联防联控；政策工具运用的综合性不断增强，在管制型政策工具的基础上增加了更多市场型与自愿型政策工具（李智超 等，2021）。总体政策结构呈现出明显的导向性、集中性和整体性特征。

参考文献

崔雷，1996. 专题文献高频主题词的共词聚类分析 ［J］. 情报理论与实践
　（4）：50-52.
范永茂，殷玉敏，2016. 跨界环境问题的合作治理模式选择：理论讨论和三
　个案例 ［J］. 公共管理学报，13（2）：63-75.
黄萃，任弢，张剑，2015. 政策文献量化研究：公共政策研究的新方向 ［J］.
　公共管理学报，12（2）：129-137.

黄萃，赵培强，李江，2015. 基于共词分析的中国科技创新政策变迁量化分析 [J]. 中国行政管理 (9)：115-122.

姜雅婷，柴国荣，2017. 安全生产问责制度的发展脉络与演进逻辑：基于169份政策文本的内容分析 (2001—2015) [J]. 中国行政管理 (5)：126-133.

李钢等.2007，公共政策内容分析方法：理论与应用 [M].重庆：重庆大学出版社.

李江，刘源浩，黄萃，等，2015. 用文献计量研究重塑政策文本数据分析：政策文献计量的起源、迁移与方法创新 [J]. 公共管理学报，12 (2)：138-144.

李智超，于翔，2021. 中国跨界环境保护政策变迁研究：基于相关政策文本 (1982—2020) 的计量分析 [J]. 上海行政学院学报，22 (6)：15-26.

林聚任，2009. 社会网络分析 [M]. 北京：北京师范大学出版社.

刘伟，2014. 内容分析法在公共管理学研究中的应用 [J]. 中国行政管理 (6)：93-98.

马捷，锁利铭，陈斌，2014. 从合作区到区域合作网络：结构、路径与演进：来自 "9+2" 合作区191项府际协议的网络分析 [J]. 中国软科学 (12)：79-92.

锁利铭，张朱峰，2016. 科技创新、府际协议与合作区地方政府间合作：基于成都平原经济区的案例研究 [J]. 上海交通大学学报 (哲学社会科学版)，24 (4)：61-71.

魏娜，黄甄铭，2020. 适应与演化：中国互联网信息服务治理体系的政策文献量化分析 [J]. 中国行政管理 (12)：47-55.

许阳，王琪，孔德意，2016. 我国海洋环境保护政策的历史演进与结构特征：基于政策文本的量化分析 [J]. 上海行政学院学报，17 (4)：81-91.

杨爱平，2011. 区域合作中的府际契约：概念与分类 [J]. 中国行政管理 (6)：100-104.

杨正，2019. 政策计量的应用：概念界限、取向与趋向 [J]. 情报杂志，38 (4)：60-65.

易森，2021. 新时代推动成渝地区双城经济圈建设探析：历史回顾与现实研判 [J]. 西部论坛，31 (3)：72-81.

张勤, 马费成, 2007. 国外知识管理研究范式: 以共词分析为方法 [J]. 管理科学学报 (6): 65-75.

朱庆华, 李亮, 2008. 社会网络分析法及其在情报学中的应用 [J]. 情报理论与实践 (2): 179-183.

THURMAIER K, WOOD C, 2002. Interlocal agreements as overlapping social networks: Picket-fence regionalism in metropolitan Kansas City [J]. Public administration review, 62 (5): 585-598.

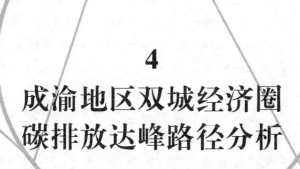

4
成渝地区双城经济圈
碳排放达峰路径分析

作为世界上最大的能源消费国和温室气体排放国，我国一直积极参与国际气候治理。2015 年，我国向联合国气候变化框架公约秘书处提交《强化应对气候变化行动——中国国家自主贡献》，承诺中国的二氧化碳排放在 2030 年左右达到峰值并争取尽早达峰。在 2020 年 9 月 22 日第七十五届联合国大会一般性辩论上，习近平主席再次宣布："中国将提高国家自主贡献力度，采取更加有力的政策和措施，二氧化碳排放力争于 2030 年前达到峰值，努力争取 2060 年前实现碳中和。"此后，我国的碳达峰问题得到了广泛关注。不同研究从国家（董锋 等，2015；林伯强 等，2010；邵帅 等，2017）、区域（曹丽斌 等，2020；刘峥延，2021；王少剑 等，2022），以及省份层面对我国碳达峰时间、路径等进行了大量探讨（冯宗宪 等，2016；胡茂峰 等，2022）。其中，区域层面的研究主要集中于京津冀地区（臧宏宽 等，2020）、长江三角洲地区（曹丽斌 等，2020；岳书敬，2021），以及珠江三角洲地区（王少剑 等，2022），而对成渝地区双城经济圈鲜有关注。

从 2011 年 4 月国务院正式批复《成渝经济区区域规划》到 2020 年 1 月中央财经委员会第六次会议首次提出建设"成渝地区双城经济圈"，成渝地区在全国区域发展中的战略地位不断提高。2021 年 10 月 20 日，《成渝地区双城经济圈建设规划纲要》正式发布，确立了成渝地区双城经济圈作为我国经济增长第四极的战略地位。党的二十大报告再次强调促进区域协调发展，推动成渝地区双城经济圈建设。2021 年，成渝地区双城经济圈实现地区生产总值 73 919.2 亿元，占全国的 6.5%，占西部地区的 30.8%。第七次人口普查数据显示，2010—2020 年，成都市和重庆市的常住人口大幅增加。其中，成都市的常住人口增加了 581.9 万人，2020 年达 2 093.78 万人，年均增长 3.31%；重庆市的常住人口增加了 320.8 万，2020 年达 3 205.42 万人，年均增长 1.06%。当前，成渝地区双城经济圈正处于工业化与城市化快速发展阶段。然而，区域能源消费仍呈高碳特征，碳达峰面临较大压力。研究成渝地区双城经济圈的碳达峰路径不仅对于区域乃至全国的碳达峰目标实现具有重要意义，而且对于我国其他区域的碳达峰也具有一定的示范作用。

因此，本章对成渝地区双城经济圈 44 个市（区、县）碳排放的影响因素进行识别，并在此基础上通过模拟 2020—2035 年各地区的碳排放演化趋势，识别碳达峰的可能路径，并对成渝地区双城经济圈在 2030 年前实现碳达峰提供建议。

4.1 研究方法与数据来源

4.1.1 研究方法

4.1.1.1 基于 Kaya 恒等式的碳排放因素分解

Yoichi Kaya 提出的 Kaya 恒等式认为，一个地区的碳排放总量是该地区人口规模、人均 GDP、能源消费强度和能源消费碳强度四个因素共同作用的结果，即

$$C_{it} = P_{it} \times \text{PGDP}_{it} \times \text{EI}_{it} \times \text{ECI}_{it} \tag{4-1}$$

其中，i 为成渝地区双城经济圈整体或市（区、县）；t 为年份；C_{it}、P_{it}、PGDP_{it}、EI_{it}、ECI_{it} 分别为成渝地区双城经济圈整体或市（区、县）i 在 t 年的碳排放量、常住人口、人均地区生产总值、能源强度和能源消费碳强度。其中，能源强度以能源消费总量与地区生产总值的比值表示，反映经济活动的能源使用效率；能源消费碳强度以碳排放量与能源消费量的比值表示，反映能源消费的低碳化程度。

本研究采用 Ang（2004）基于 Kaya 恒等式提出的对数迪氏平均指数法（logarithmic mean divisia index，LMDI）对成渝地区双城经济圈整体及其市（区、县）碳排放进行因素分解。该方法具有完全分解、消除残差项、允许包含数值为零的数据等优点，可操作性较强，在碳排放驱动因素分解中得到广泛应用（林伯强 等，2009；林伯强 等，2010；王少剑 等，2022；岳书敬，2021）。

LMDI 加法分解的表达式为

$$\Delta C = C_{it} - C_{i0} = \Delta C_P + \Delta C_{\text{PGDP}} + \Delta C_{\text{EI}} + \Delta C_{\text{ECI}}$$

$$\Delta C_P = L(C_{it}, C_{i0}) \ln(P_{it}/P_{i0})$$

$$\Delta C_{\text{PGDP}} = L(C_{it}, C_{i0}) \ln(\text{PGDP}_{it}/\text{PGDP}_{i0})$$

$$\Delta C_{\text{EI}} = L(C_{it}, C_{i0}) \ln(\text{EI}_{it}/\text{EI}_{i0}) \tag{4-2}$$

$$\Delta C_{\text{ECI}} = L(C_{it}, C_{i0}) \ln(\text{ECI}_{it}/\text{ECI}_{i0})$$

$$L(C_{it}, C_{i0}) = (C_{it} - C_{i0})/(\ln C_{it} - \ln C_{i0})$$

其中，ΔC 是成渝地区双城经济圈整体或市（区、县）i 从第 0 年到第 t 年的碳排放变化量，由四个部分组成，分别是人口规模效应（ΔC_P）、经济产出效应（ΔC_{PGDP}）、能源强度效应（ΔC_{EI}）以及能源消费碳强度效应（ΔC_{ECI}）。

4.1.1.2　多情景分析和基于蒙特卡洛法的变概率动态模拟

情景分析法是一种通过预测、假设或者模拟生成未来情景的预测方法。2010 年 IPCC 调整情景开发模式，采用并行方式（parallel approach）的思路，提出由社会经济情景和气候情景共同构成的新情景框架（翁宇威等，2020）。其中，社会经济情景由共享社会经济路径（shared socioeconomic pathways, SSPs）表示，气候情景由典型浓度路径（representative concentration pathways, RCPs）表示。借鉴 Moss 等（2010）和 Riahi 等（2017）对不同情景的定义（见表 4-1），以及 O'Neill 等（2016）和王少剑等（2022）结合 SSPs 与 RCPs 的情景设定方法，本研究根据成渝地区双城经济圈及其各市（区、县）的社会经济发展状况、能源消耗及节能减排政策等设定五种碳排放情景。

基准情景（A3-B2）：政府采取一定措施提高资源能源利用效率、优化能源结构，促进碳排放增速减缓并逐渐趋于平稳。但政府干预有限，社会经济发展遵循其历史趋势，碳排放在下降前有较长时间徘徊在当前水平。

高碳情景（A3-B3）：尽管政府采取一定的措施控制碳排放量的增长，但干预有限，经济在化石燃料开采和资源能源密集型发展方式的推动下高速增长，产生大量二氧化碳。

极高碳情景（A4-B3）：政府放任碳排放增长。在"高资源消耗""高能源消耗""高化石能源依赖"的经济增长路径下，碳排放量持续增长。

低碳情景（A2-B2）：政府积极部署减排工作，发展低碳经济，在一定程度上降低了资源和能源强度，减轻了对化石燃料的依赖，城市碳排放量增速放缓并逐渐下降。

极低碳情景（A1-B1）：政府大力落实碳减排工作，推动社会经济可持续发展，有效提高资源和能源利用效率及非化石能源占比，城市碳排放量大幅削减。

表 4-1　RCP-SSP 情景定义

	情景	定义
典型浓度路径	A1	在政府强有力的干预下，碳排放量大幅削减
	A2	在政府的干预下，碳排放量增速放缓并逐渐下降
	A3	在政府的干预下，碳排放量增速放缓并逐渐趋于平稳
	A4	无政府干预，碳排放量随时间持续增长
共享经济社会路径	B1	从对经济增长的重视转向对人类福祉的更广泛重视；是低人口增长率，低资源和能源强度，高度重视预防环境退化的可持续发展路径
	B2	经济沿着既有模式和趋势发展，人口缓慢增长并逐渐趋于平稳，资源和能源强度有所下降，环境系统经历退化但有一些改善的中间发展路径
	B3	以经济高速增长为导向，人口高速增长，采用资源和能源密集型的发展方式，开发了丰富的化石燃料资源；是社会环境适应挑战能力较差的化石燃料发展路径

数据来源：根据 Moss 等（2010）和 Riahi 等（2017）调整得到。

　　作为一种不确定性分析方法，蒙特卡洛法能按照一定概率分布对变量进行随机取值与组合，并对组合后的变量与模型进行运算，从而得到目标变量分布（邵帅 等，2017；王少剑 等，2022）。将蒙特卡洛法与情景分析法有机结合，通过对大量情景进行随机组合模拟，可以揭示不同经济社会发展情景及政策导向下城市碳排放的演化趋势，并直观识别出最接近真实情景的城市达峰路径。借鉴王少剑等（2022）的研究，如表 4-2 所示，本研究分别为人口规模与人均 GDP 以及能源强度与能源消费碳强度设置相同的概率分布。在五种情景中，基准情景的概率最高，高碳情景与低碳情景概率相同，极高碳情景与极低碳情景概率相同且概率最低。考虑到随着时间推移，各级政府将更加重视碳减排工作，因此，情景设定逐渐提高低碳情景和极低碳情景的概率并降低高碳情景和极高碳情景的概率。同时，鉴于碳排放演化路径的不确定性，本研究将各因素在五种碳排放情景下的变化率作为普通状态，并设定各情景高速状态下的人口规模、人均 GDP、能源强度和能源消费碳强度变化率分别较普通状态 +0.1%、+0.2%、-0.1%、-0.05%，低速状态则与之相反。

表 4-2　各因素在五种情景下的概率分布

参数	情景	2021—2025 年	2026—2030 年	2031—2035 年
P & PGDP	极高碳情景	5%	4%	3%
	高碳情景	25%	20%	17%
	基准情景	40%	40%	40%
	低碳情景	25%	30%	33%
	极低碳情景	5%	6%	7%
EI & ECI	极高碳情景	5%	4%	3%
	高碳情景	20%	17%	15%
	基准情景	50%	45%	45%
	低碳情景	20%	28%	30%
	极低碳情景	5%	6%	7%

在情景设定的基础上，本研究采用 Kaya 恒等式与蒙特卡洛法相结合的预测模型对成渝地区双城经济圈及其各市（区、县）的碳排放量进行预测。该模型无须根据历史碳排放数据调节模型系数，因此受到新冠病毒感染疫情等重大事件的影响较小（王少剑 等，2022）。

首先，研究基于 Kaya 恒等式静态模拟成渝地区双城经济圈及其各市（区、县）在五种碳排放情景下的碳排放增长情况。令 V_P、V_{PGDP}、V_{EI} 和 V_{ECI} 分别为 P、PGDP、EI 和 ECI 在预测年相对于基年的变化率，则预测年的碳排放（$C_{i,\,t1}$）可由式（4-3）计算得到

$$C_{i,\,t1} = P_{i,\,t1} \times PGDP_{i,\,t1} \times EI_{i,\,t1} \times ECI_{i,\,t1}$$
$$= P_{i,\,t0} \times (1 + V_P) \times PGDP_{i,\,t0} \times (1 + V_{PGDP}) \times EI_{i,\,t0} \times (1 + V_{EI}) \times$$
$$ECI_{i,\,t0} \times (1 + V_{ECI}) \tag{4-3}$$

其中 t_1 是预测年份，t_0 是相应的基年。由于能源消费碳强度主要受能源结构的影响，非化石能源在能源结构中占比越高，单位能源消费产生的碳排放量则越小，因此，借鉴董锋等（2015）、邵帅等（2017）以及王少剑等（2022）的研究，本研究依据能源结构中非化石能源占比的年均变化率预测值设定能源消费碳强度。

其次，根据设定的概率分布随机抽取成渝地区双城经济圈及其各市（区、县）五种碳排放情景中四个影响因素的变化率进行各 10 万次模拟，

以识别最接近真实情景的碳排放演化路径。

最后，计算成渝地区双城经济圈及其各市（区、县）不晚于 2030 年达峰的概率，以及在低碳情景、极低碳情景下的累计碳减排潜力（2022—2035 年）。

4.1.2 数据来源

虽然开州区、云阳县、绵阳市、达州市和雅安市部分区域未被纳入成渝地区双城经济圈范围，但鉴于数据分析的可行性和整体性，本研究将 5 地全域纳入分析，最终的分析样本以重庆市的 29 个区县及四川省的 15 个市为研究对象。

（1）碳排放量

碳排放数据采用 Chen 等（2022）基于夜间灯光数据估算得到的 1997—2017 年碳排放量，以及采用自顶向下的方法更新得到的 2018—2019 年碳排放量。

（2）人口规模

2006—2021 年常住人口数据来自《四川省统计年鉴》和《重庆市统计年鉴》。

（3）GDP

2006—2021 年 GDP 和 GDP 指数数据来自《四川省统计年鉴》和《重庆市统计年鉴》。所有年份的 GDP 均根据 GDP 指数统一折算成 2005 年不变价格。

（4）单位 GDP 能耗

能源消耗数据来自《四川省统计年鉴》、各市（区、县）统计年鉴、能源发展规划、重庆市各区县单位 GDP 能耗等指标公报、《重庆市人民政府办公厅关于下达 2012 年度节能目标任务的通知》等，或通过相关数据折算得到。其中，重庆市江北区、南岸区、渝北区、巴南区、合川区、南川区、大足区、铜梁区、潼南区、梁平区、丰都县 11 个区县 2012—2020 年的能耗数据缺失，因此本研究根据与这些区县的碳排放和单位 GDP 能耗变化趋势相近的区县数据进行估算。经过验证，根据该估算方法得到的数据与实际数据的差异为 0.05%～11.7%。

4.2 成渝地区双城经济圈碳排放量（2006—2019 年）

4.2.1 四川省 15 市

如图 4-1 所示，2006—2019 年，四川省 15 市的碳排放量均呈单调增长趋势。从各市碳排放演化路径来看，2006—2008 年各市碳排放量增长平缓，2008 年后增长路径发生分异。

就 2019 年来看，成都市碳排放量最高，达 93.5 百万吨（Mt），自贡市碳排放量最低，仅 4.6Mt。2006—2019 年，碳排放量年均增速最快的是德阳市，为 7.28%；其次是资阳市和成都市，分别为 6.66% 和 6.49%；碳排放量年均增速最慢的为雅安市，仅有 2.92%。

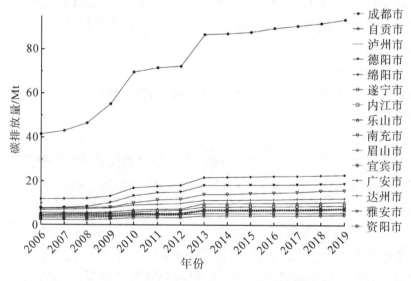

图 4-1　2006—2019 年四川省 15 市碳排放量

4.2.2 重庆市 29 个区县

如图 4-2 所示，2006—2019 年，重庆市 29 个区县的碳排放量均呈单调增长趋势。就 2019 年来看，渝北区碳排放量最大，达 20.1Mt；忠县碳排放量最少，仅 1.84Mt。2006—2019 年，碳排放量年均增速最快的是璧山区，为 11.96%；其次是北碚区和长寿区，分别为 9.68% 和 9.59%；碳排放量年均增速最慢的为渝中区，仅为 0.55%。

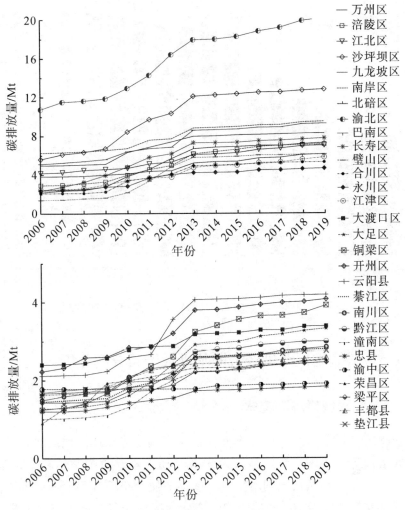

图 4-2 2006—2019 年重庆市 29 个区县碳排放量

4.2.3 成渝地区双城经济圈整体

如图 4-3 所示，成渝地区双城经济圈的碳排放量由 2006 年的 194.28Mt 增至 2019 年的 398.92Mt，总体表现出"缓慢增长—快速波动增长—平稳增长"的变化趋势。在市（区、县）层面，2006—2019 年，成都市是成渝地区双城经济圈碳排放量和碳排放增幅最大的城市，累计增长 52.26Mt；德阳市、绵阳市、渝北区和南充市的碳排放总量与碳排放增幅始终位于成渝前列，累计增长量分别为 11.3Mt、11Mt、9.39Mt、8.46Mt。

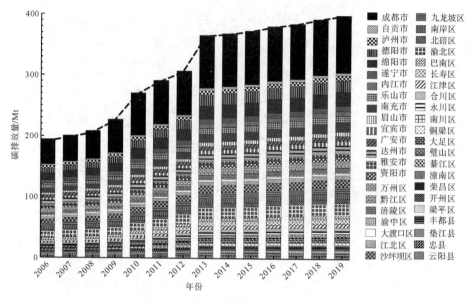

图4-3 2006—2019年成渝地区双城经济圈整体碳排放量

4.3 成渝地区双城经济圈碳排放因素分解分析

4.3.1 双城经济圈整体

如图4-4所示，2006—2019年，经济产出是导致成渝地区双城经济圈碳排放增长的首要因素，贡献量为358.25Mt，累计贡献率达到175.06%。2006—2013年，经济产出的增排效应逐年增强，2013年后有所减弱，但仍导致碳排放量持续增加。总体来说，成渝地区双城经济圈的经济发展方式具有显著的高碳特征，在短期内实现经济增长与碳排放脱钩难度较大。

2006—2019年，能源强度是抑制成渝地区双城经济圈碳排放量增长的唯一因素，共削减266.99Mt碳排放量，累计贡献率达到-130.47%。从"十一五"规划开始，能源强度被列为国民经济和社会发展的约束性指标之一。成渝地区双城经济圈着力于重点领域的节能减排工作，加快淘汰重点行业的落后产能，能源利用效率显著提升。

2006—2019年，人口规模对成渝地区双城经济圈的碳排放影响相对较小，但碳排放整体上呈增排趋势，导致58.27Mt碳排放量，累计贡献率为28.48%。随着成渝地区双城经济圈在全国区域经济格局中的地位不断提升，经济社会高速发展、城市形象持续提升、对外来人口的虹吸力不断增强，区域人口规模稳步增长。

2006—2019 年，能源消费碳强度对成渝地区双城经济圈碳排放的影响呈现减排和增排交替变化的趋势，但整体上仍然增加了 55.11Mt 碳排放量，累计贡献率为 26.93%。这表明高碳能源在成渝地区双城经济圈的能源结构中仍然占据重要地位，能源结构调整步伐并不稳健。

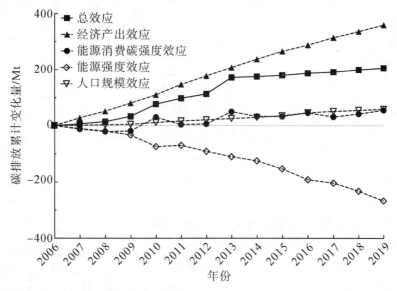

图 4-4 成渝地区双城经济圈碳排放影响因素的累计贡献（2006—2019 年）

4.3.2 双城经济圈各市（区、县）

4.3.2.1 重点城市碳排放因素分解分析

如表 4-3 所示，成渝地区双城经济圈 44 个市（区、县）中，碳排放量位列前 7 位的累积排放已超过整个区域 50% 的碳排放，是碳排放的重点区域。

表 4-3 成渝地区双城经济圈重点城市碳排放累计贡献率

城市	碳排放量/Mt	碳排放贡献率/%	累计贡献率/%	城市	碳排放量/Mt	碳排放贡献率/%	累计贡献率/%
成都市	52.26	25.54	25.54	泸州市	3.13	1.53	82.86
德阳市	11.31	5.53	31.07	宜宾市	3.05	1.49	84.35
绵阳市	11.07	5.41	36.48	江北区	2.85	1.39	85.74

表4-3(续)

城市	碳排放量/Mt	碳排放贡献率/%	累计贡献率/%	城市	碳排放量/Mt	碳排放贡献率/%	累计贡献率/%
渝北区	9.39	4.59	41.06	铜梁区	2.67	1.31	87.04
南充市	8.42	4.11	45.18	自贡市	2.29	1.12	88.16
沙坪坝区	7.20	3.52	48.69	巴南区	2.28	1.11	89.28
长寿区	5.40	2.64	51.33	永川区	2.25	1.10	90.37
达州市	5.32	2.60	53.93	云阳县	2.08	1.01	91.39
北碚区	5.09	2.49	56.42	大足区	2.06	1.01	92.40
乐山市	4.95	2.42	58.84	开州区	1.85	0.90	93.30
璧山区	4.70	2.29	61.14	雅安市	1.75	0.85	94.15
资阳市	4.35	2.13	63.26	荣昌区	1.61	0.79	94.94
遂宁市	4.28	2.09	65.35	潼南区	1.53	0.75	95.69
涪陵区	4.19	2.05	67.40	南川区	1.36	0.66	96.35
九龙坡区	4.17	2.04	69.43	綦江区	1.34	0.66	97.01
内江市	4.01	1.96	71.39	黔江区	1.33	0.65	97.66
眉山市	3.99	1.95	73.34	垫江县	1.06	0.52	98.17
江津区	3.32	1.62	74.96	梁平区	1.03	0.50	98.68
万州区	3.31	1.62	76.58	大渡口区	0.99	0.48	99.16
广安市	3.28	1.60	78.18	丰都县	0.95	0.46	99.62
南岸区	3.23	1.58	79.76	忠县	0.64	0.31	99.94
合川区	3.20	1.56	81.33	渝中区	0.13	0.06	100.00

注:碳排放贡献率为成渝地区双城经济圈各市(区、县)2006—2019年碳排放量占成渝地区双城经济圈整体排放量的比重。

因此,本部分选取成都市、德阳市、绵阳市、渝北区、南充市、沙坪坝区和长寿区7个城市,分析其碳排放的影响因素及影响程度(见图4-5)。

(1)成都市

经济产出和人口规模分别导致成都市的碳排放量增长54.55Mt与38.5Mt,贡献率达104.37%与73.67%。能源强度促使成都市碳排放量减少43.99Mt,贡献率为-84.18%。能源消费碳强度对成都市的碳排放造成波动式影响,但整体上导致了碳排放量增长3.21Mt,贡献率为6.14%。

（2）德阳市

经济产出导致德阳市碳排放量增长 18.65Mt，累计贡献率达 164.83%。能源强度促使德阳市碳排放量减少 13.65Mt，累计贡献率为-120.65%。人口规模和能源消费碳强度对德阳市的碳排放造成波动式影响，但整体上仍然导致碳排放量增长。其中，人口规模贡献了 0.78Mt 碳排放量，累计贡献率为 6.86%；能源消费碳强度贡献 7.09Mt 碳排放量，累计贡献率为 62.68%。

（3）绵阳市

经济产出导致绵阳市碳排放量增长 22.88Mt，累计贡献率达 206.8%。人口规模使绵阳市碳排放具有微弱的增排效应，累计贡献率仅 0.65%。能源强度促使绵阳市碳排放量减少 18.74Mt，累计贡献率为-169.33%。能源消费碳强度对绵阳市碳排放造成波动式影响，但整体上仍然导致碳排放量增加了 6.85Mt，累计贡献率为 61.88%。

（4）渝北区

经济产出和人口规模分别导致渝北区碳排放量增长 11.33Mt 和 8.81Mt，累计贡献率为 120.73% 和 93.85%。能源强度和能源消费碳强度对渝北区的碳排放造成波动影响，但整体上抑制了碳排放量增长，分别减少 4.52Mt 和 6.23Mt，累计贡献率为-48.23% 与-66.34%。

（5）南充市

经济产出导致南充市碳排放量增长 16.40Mt，累计贡献率为 194.88%。能源强度促使南充市碳排放量减少 8.59Mt，累计贡献率为-102.06%。人口规模和能源消费碳强度对南充市的碳排放造成波动式影响，但整体上分别减少了 1.2Mt 和 1.81Mt，累计贡献率为-14.38% 和-21.55%。

（6）沙坪坝区

经济产出和人口规模分别导致沙坪坝区碳排放量增长 10.74Mt 和 2.58Mt，累计贡献率为 149.29% 与 35.86%。能源强度促使沙坪坝区碳排放量减少 14.28Mt，累计贡献率达-198.42%，且 2012—2019 年的减排贡献是 2006—2011 年的 30 倍。能源消费碳强度对碳排放造成波动影响，但总体上导致碳排放量增加 8.15Mt，累计贡献率为 113.27%。

（7）长寿区

经济产出和人口规模分别导致长寿区碳排放量增长 7.72Mt 与 0.86Mt，累计贡献率达 142.89% 与 15.99%。能源强度促使长寿区碳排放量减少 2.24Mt，累计贡献率为-41.64%。能源消费碳强度对长寿区的碳排放造成波动式影响，但总体上抑制了 0.93Mt，累计贡献率为-17.24%。

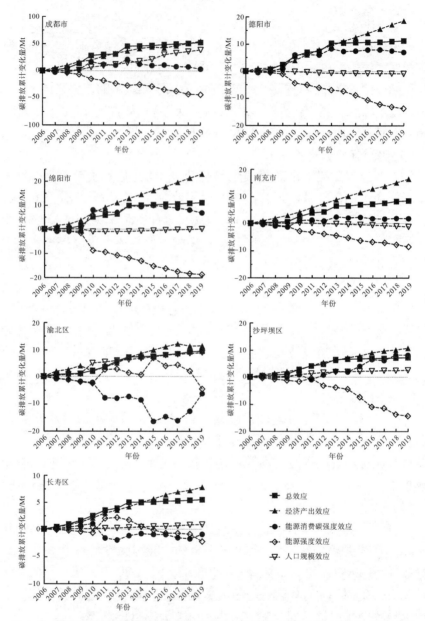

图 4-5　成渝地区双城经济圈重点区域碳排放因素的累计贡献（2006—2019 年）

4.3.2.2　不同时期各市（区、县）碳排放因素分解分析

为更好地了解成渝地区双城经济圈碳排放的影响因素，根据成渝地区双城经济圈的发展历程，本研究分别对 2006—2011 年、2011—2016 年以及 2016—2019 年三个阶段各市（区、县）的碳排放驱动因素进行分析。

（1）2006—2011 年

如图 4-6 所示，2006—2011 年，经济产出是导致各地碳排放增加的首要因素。

雅安市、江北区、南岸区、渝北区、长寿区、綦江区 6 个市（区）的能源强度对碳排放具有微弱的增排作用，其余 38 个市（区、县）的能源强度均对碳排放有减排作用，其中对广安市和资阳市的减排作用最强。

除南充市和雅安市外的 13 市及渝中区、江津区、南川区、大足区、铜梁区、潼南区、梁平区、丰都县、垫江县、云阳县等 10 个区县的人口规模对碳排放具有减排作用，其余 21 个市（区、县）的人口规模对碳排放则具有增排作用，其中对渝北区的增排作用最强，碳排放量为 5.33Mt，累计贡献率达到 152%。

除泸州市、乐山市、宜宾市、雅安市外的 11 市及大渡口区、北碚区、合川区、璧山区、铜梁区、荣昌区 6 个区县的能源消费碳强度对碳排放具有增排作用，其余 27 个市（区、县）的能源消费碳强度则对碳排放具有减排作用，其中对黔江区的减排作用最强，贡献率达-587.86%。

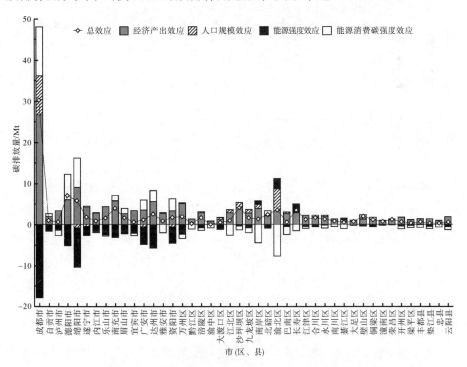

图 4-6　2006—2011 年成渝地区双城经济圈各市（区、县）碳排放因素分解结果

（2）2011—2016 年

如图 4-7 所示，相较于 2006—2011 年，这一时期除大渡口区、江北区、合川区、永川区、云阳县 5 地外，成渝地区双城经济圈各市（区、县）的经济产出仍是导致碳排放量增长的首要因素。其中，德阳市、绵阳市、南充市、万州区、沙坪坝区、北碚区、渝北区、长寿区、合川区、永川区、綦江区、大足区、荣昌区、丰都县 14 个市（区、县）经济产出的增排效应较前一时期增强。

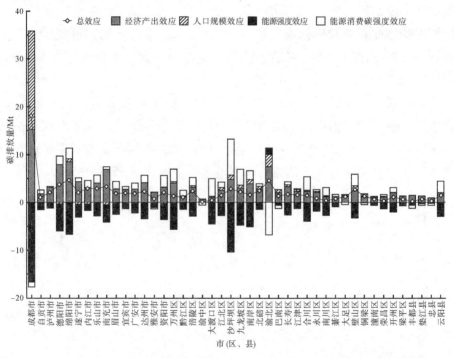

图 4-7　2011—2016 年成渝地区双城经济圈各市（区、县）碳排放因素分解

除渝北区外，其余 43 个市（区、县）的能源强度均对碳排放具有减排作用。其中，大渡口区、江北区、沙坪坝区、九龙坡区、南岸区、合川区、南川区、璧山区、荣昌区、云阳县 10 个区县能源强度的碳排放贡献绝对值超过经济产出，成为导致碳排放量变化的首要因素。

除成都市、绵阳市、眉山市、宜宾市、广安市外的 10 市及梁平区、丰都县、垫江县和忠县的人口规模对碳排放具有微弱的减排作用，平均贡献率为 18.55%。其余 29 个市（区、县）的人口规模则对碳排放具有增排作用，其中包括大渡口区、江北区、九龙坡区等重庆市主城区在内的九区的人口规模对碳排放的贡献率均在 40% 以上。

泸州市、乐山市、宜宾市 3 市及万州区、黔江区、涪陵区和江北区等 16 个区县的能源消费碳强度对碳排放影响由 2006—2011 年的减排效应转为增排效应；德阳市、内江市、眉山市、大渡口区、璧山区和荣昌区 6 市 (区、县) 的增排效应则较前一时期增强。

（3）2016—2019 年

如图 4-8 所示，这一时期成渝地区双城经济圈各市（区、县）的碳排放增速均明显放缓。具体来看，各市（区、县）的经济产出仍导致碳排放量增长，其中四川省 15 市及涪陵区、江北区、渝北区、北碚区、江津区、合川区、綦江区、大足区、垫江县、云阳县 10 个区县的经济产出是碳排放量变化的首要驱动力。

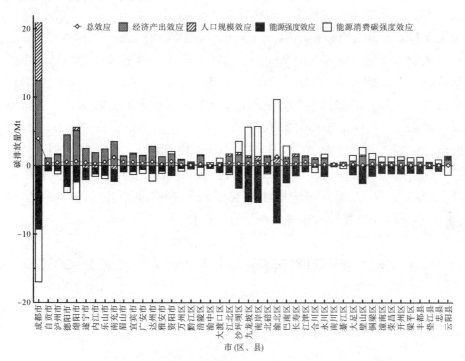

图 4-8　2016—2019 年成渝地区双城经济圈各市（区、县）碳排放因素分解

除云阳县外，能源强度对各市（区、县）碳排放维持减排作用，且对各地（南川区和綦江区外）减排作用较上一时期增强。其中，重庆市内除涪陵区、江北区、渝北区等 10 地外，其余区县能源强度的碳排放贡献绝对值超越经济产出，成为碳排放量变化的首要驱动因素。

成都市、泸州市、遂宁市、宜宾市、广安市及重庆市 29 个区县的人口规模均导致碳排放量增加。其中,成都市人口规模的增排效应最强,碳排放量为 8.59Mt,贡献率为 217.31%。

万州区、涪陵区、江北区、北碚区、江津区、合川区、南川区、綦江区、忠县等 9 个区县及除眉山市、资阳市外的 13 市的能源消费碳强度对碳排放具有减排作用,能源消费碳强度对其余 22 个市(区、县)则具有增排作用。

总体看来,经济产出是导致成渝地区双城经济圈各市(区、县)碳排放量增长的首要因素,能源强度促使大部分市(区、县)的碳排放量减少,能源消费碳强度和人口规模对各市(区、县)碳排放的影响相对较弱,且在不同城市随时间出现减排效应和增排效应的交替变化。具体来说,2006—2019 年,成都市、自贡市和泸州市等 33 个市(区、县)的能源强度对碳排放具有减排作用;雅安市、渝中区和江北区等 10 个市(区、县)的能源强度对碳排放的影响由增排效应转为减排效应,云阳县则由减排效应转为增排效应。2006—2019 年,黔江区、渝中区和沙坪坝区等 17 个市(区、县)的能源消费碳强度对碳排放的影响由减排效应转为增排效应,成都市、自贡市和德阳市等 21 市(区、县)则由增排效应转为减排效应,雅安市维持减排效应,眉山市、资阳市和大渡口区等 5 个市(区、县)则维持增排效应。2011 年后,除自贡市、德阳市和遂宁市等 10 个市(区、县)的人口规模对碳排放具有微弱的减排作用外,其余 34 个市(区、县)的人口规模对碳排放均具有增排作用。

4.4　成渝地区双城经济圈碳达峰情景分析(2021—2035 年)

4.4.1　参数设定

4.4.1.1　人口规模

第一,根据《四川省人口发展中长期规划》,2025 年四川省常住人口预计达到 8 430 万人,2030 年达到 8 470 万人,2025—2030 年的年均变化率为 0.09%。假设 2031—2035 年四川省常住人口维持 0.09% 的变化率,则 2035 年四川省常住人口为 8 510 万人。第二,本研究根据 2000—2021 年四川省内各市常住人口占四川省总常住人口比重,采用趋势外推法预测各市 2022—2025 年常住人口占比，并取 2021—2025 年常住人口占比的平均值作为各市 2025 年常住人口占比数据。第三，本研究基于"十一五"（2006—2010 年）至"十四五"（2021—2025）期间各市常住人口占全省比重的均值，外推"十五五"（2026—2030 年）及"十六五"（2031—2035 年）各市常住人口占比数据，最终得到 2025 年、2030 年、2035 年各市常住人口数，以及 2021—2025 年、2026—2030 年、2031—2035 年各市常住人口年均变化率；参考胡茂峰等（2022）、潘栋等（2021）和王少剑等（2022）的研究，设置其他 4 种情景的人口增长率；低碳情景与基准情景人口增长率保持一致，并基于基准情景参数设定极高碳（+0.1%）、高碳（+0.02%）、极低碳（−0.1%）三种情景的人口增长率。重庆市各区县的参数值遵循相同规则设定。成渝地区双城经济圈的参数值基于各市（区、县）参数值设定。

4.4.1.2　人均 GDP

本研究基于成都市对"十四五"时期 GDP 年均增长率的规划（6%~8%），以及刘伟等（2021）对我国"十四五"时期经济增速的预测（4.9%、5.1%），综合考虑"十一五"至"十三五"期间成都市的 GDP 年均增长率及成都市与全国 GDP 年均增长率的差距，设定基准情景下 2021—2025 年成都市 GDP 年均增长率为 7%；参考黄泰岩等（2021）、盛来运等（2018）、易信等（2018）和中国社会科学院宏观经济研究中心课题组等（2020）的相关预测，设定 2026—2030 年和 2031—2035 年成都市的 GDP 增长率较前一周期分别下降 0.6%、0.5%；参考鲁传一等（2021）、王少剑等（2022）、王勇等（2017）关于不同碳达峰情景下我国经济增长率的差异研究，以基准情景参数值为基础设定极高碳（+0.96%）、高碳（+0.36%）、低碳（−0.34%）和极低碳（−0.98%）4 种情景的 GDP 年均变化率。四川省其他城市的参数值根据各市 GDP 年均变化率，以及与成都市 GDP 累计变化率及年均变化率的差异等设定。重庆市各区县的参数值遵循相同规则设定。成渝地区双城经济圈的参数值基于各市（区、县）参数值设定。

4.4.1.3　能源强度

"十一五""十二五""十三五"期间，成都市的能源强度下降率分别为 20%、16%、14.24%，下降速率逐渐放缓。成都市能源强度年均下降速率略低于全国,2016—2019 年间比全国低 0.3%。综合考虑经济增长和能源消费弹性变化趋势,预计"十四五"时期我国能源强度可降低 13.4%~14.2%。本研究根据成都市的能源强度变化趋势,以及与全国能源强度累计下降率与年均变化率差异等,设定基准情景下"十四五"时期成都市的能源强度累计降低 12.16%,年均下降 2.56%;参考年均变化率随时期下降的主流设定方法,如林伯强等(2010)、邵帅等(2017)和王少剑等(2022)的研究,设定 2026—2030 年和 2031—2035 年能源强度年均变化率较前一周期增加 0.3% 和 0.2%;并基于基准情景参数设定极高碳(+0.6%)、高碳(+0.4%)、低碳(-0.4%)和极低碳(-0.6%)4 种情景的能源强度变化率。四川省其他城市的参数值根据各市能源强度下降规划值、能源强度变化趋势、与成都市或全国能源强度累计变化率及年均变化率的差异等设定。重庆市各区县的参数值遵循相同规则设定。成渝地区双城经济圈的参数值基于各市(区、县)参数值设定。

4.4.1.4 能源结构

《中国长期低碳发展战略与转型路径研究》预测中国未来非化石能源占比将加速提升。2020—2050 年期间,每五年非化石能源占比分别为 16%、20%、25%、32%、45%、60% 和 73.2%。本研究参考该研究,将成都市的非化石能源占比与全国进行比较,设定成都市的参数。成都市 2020 年非化石能源实际占比为 44.2%,较"十二五"期末(38.9%)提升了 5.3 个百分点。《成都市"十四五"能源发展规划》提出,到 2025 年,非化石能源消费占比达到 50% 以上,较"十三五"期末提升 5.8 个百分点。由于成都市非化石能源占比和增速均高于全国平均水平,因此本研究设定"十四五"时期成都市的非化石能源占比较"十三五"时期增加 7%,2030 年和 2035 年分别较前一时期增加 13% 和 15%。据此,设定基准情景下 2021—2025 年、2026—2030 年和 2031—2035 年成都市能源结构的变化率分别为-2.5%、-2.66%、-4.19%。参照董锋等(2015)、冯宗宪等(2016)、林伯强等(2010)和邵帅等(2017)的研究,以基准情景为基础设定极高碳(+0.3%)、高碳(+0.2%)、低碳(-0.2%)和极低碳(-0.3%)4 种情景的能源消费碳强度变化率。四川省各市及重庆市的参数值遵循相同规则设定。由于重庆市各区县非化石能源占比数据缺失,因此设定其年均变化率与重庆市保持一致。成渝地区双城经济圈的参数值基于各市（区、县）参数值设定。

4.4.2　碳排放情景分析

本部分根据各情景参数模拟得到成渝地区双城经济圈整体及其各市（区、县）在 5 种情景、3 种状态下的碳排放量。

4.4.2.1　双城经济圈整体

如图 4-9 所示，成渝地区双城经济圈的碳排放在 2020 年后呈多情景发散型演化。碳排放量在极低碳情景和低碳情景下于 2020 年后缓慢下降，可以在 2030 年达峰；而在基准情景、高碳情景与极高碳情景下持续增加，无法在 2030 年达峰。

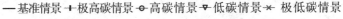

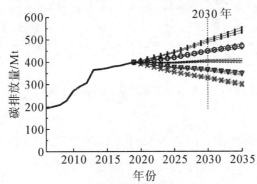

图 4-9　成渝地区双城经济圈各情景下的碳排放量

注：实线为普通状态下的碳排放量，虚线为高速和低速状态下的碳排放量。后同。

4.4.2.2　双城经济圈各市（区、县）

根据达峰时间，本研究将各市（区、县）分为"已达峰城市""可达峰城市"与"潜在达峰城市"等三类。

（1）已达峰城市

已达峰城市包括绵阳市、遂宁市、眉山市和资阳市 4 个城市。如图 4-10 所示，此类城市在五种碳排放情景下均已在 2020 年率先实现碳达峰。但是，绵阳市、眉山市和资阳市在极高碳情景和高碳情景下存在碳排放反弹的风险。

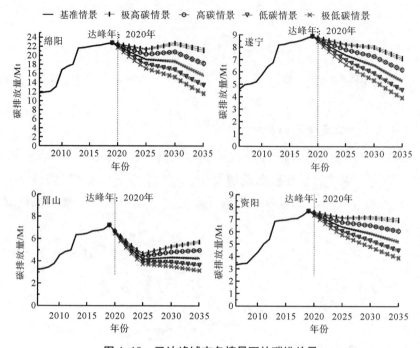

图4-10　已达峰城市各情景下的碳排放量

（2）可达峰城市

可达峰城市包括内江市、广安市和达州市等32个市（区、县）。如图4-11所示，此类城市在5种碳排放情景下均能在2030年实现碳达峰。

其中，广安市在低碳情景和极低碳情景下已于2020年达峰，在基准情景、高碳情景与极高碳情景下于2030年达峰。

内江市、万州区、达州市、渝中区、大渡口区、沙坪坝区、九龙坡区及开州区8个市（区、县）在低碳情景和极低碳情景下已于2020年达峰，在基准情景、高碳情景和极高碳情景下于2025年达峰。

渝北区在极低碳情景、低碳情景、基准情景与高碳情景下已于2020年达峰，在极高碳情景下于2025年达峰。

其余22市（区、县）在5种碳排放情景下均在2025年达峰。

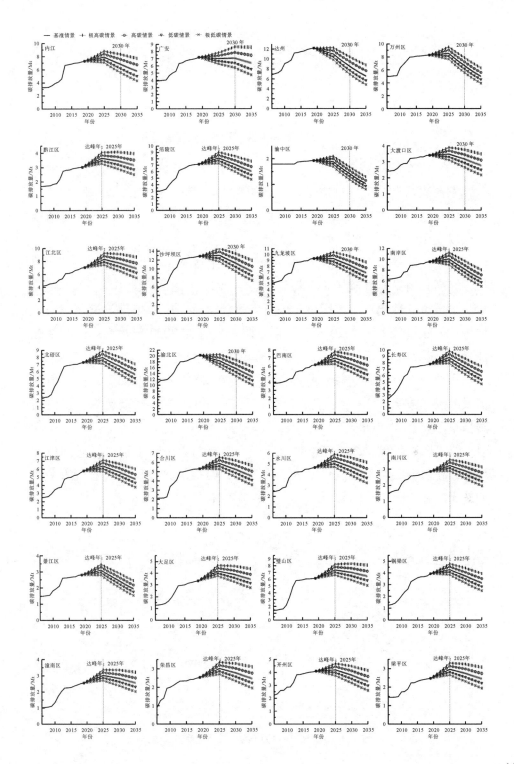

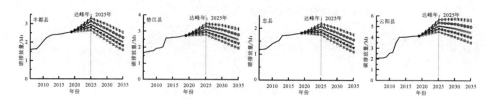

图 4-11　可达峰城市各情景下的碳排放量

（3）潜在达峰城市

潜在达峰类城市包括成都市、自贡市、泸州市等 8 市。如图 4-12 所示，此类城市的碳排放在 2020 年后呈多情景发散型演化，且在特定情景下难以在 2030 年实现碳达峰。

其中，成都市在极低碳情景下于 2030 年达峰，在低碳情景、基准情景、极高碳情景与高碳情景下均无法实现 2030 年碳达峰的目标。

自贡市、泸州市、德阳市、乐山市和宜宾市 5 市的碳排放量在极低碳情景和低碳情景下于 2020 年后缓慢下降，能够在 2030 年达峰；而在基准情景、高碳情景与极高碳情景下碳排放量持续增加，无法在 2030 年达峰。

南充市在极低碳情景和低碳情景下可在 2030 年实现碳达峰；在高碳情景下碳排放于 2030 年后进入增长平台期，但尚未实现碳达峰；在极高碳情景下无法在 2030 年达峰。

雅安市在低碳情景、基准情景、极高碳与高碳情景下碳排放量均持续增加，在极低碳情景下碳排量放增速缓慢，但难以突破碳排放增长的平台期，无法在 2030 年达峰。

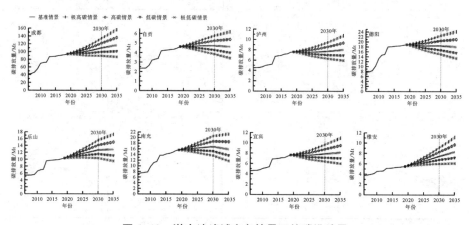

图 4-12　潜在达峰城市各情景下的碳排放量

4.4.3 碳达峰动态模拟

囿于静态情景模拟的局限性，潜在达峰城市的达峰形势仍不明朗。本部分运用蒙特卡洛法按既定概率分布随机抽取情景组合，对成渝地区双城经济圈及其各市（区、县）碳排放各进行 10 万次模拟，以进一步精准识别碳达峰路径。

如表 4-4 所示，根据 2030 年前达峰的概率，本研究将各市（区、县）分为"已达峰""可达峰"与"潜在达峰"三类。如图 4-13 所示，成渝地区双城经济圈在 2030 年前碳达峰的概率为 32.8%。与静态情景分析结果一致，绵阳市、遂宁市和眉山市等 36 个市（区、县）能如期实现 2030 年碳达峰的目标。其中，绵阳市、遂宁市、眉山市和资阳市 4 市若积极落实"十四五"规划与碳达峰方案，在 2020 年便能率先实现碳达峰。潜在达峰城市中，南充市不晚于 2030 年碳达峰的概率为 85.7%；自贡市、德阳市、乐山市存在较大的目标落空风险，不晚于 2030 年碳达峰的概率分别为 55.42%、58.9% 以及 20.4%；成都市、泸州市、宜宾市和雅安市 4 市的碳达峰进程则明显落后于其他城市，难以实现碳达峰目标。

表 4-4 动态模拟下成渝地区双城经济圈各地达峰情况

达峰类型	城市
已达峰城市	绵阳市、遂宁市、眉山市、资阳市
可达峰城市	内江市、广安市、达州市、万州区、黔江区、涪陵区、渝中区、大渡口区、江北区、沙坪坝区、九龙坡区、南岸区、北碚区、渝北区、巴南区等 32 市（区、县）
潜在达峰城市	成都市、自贡市、泸州市、德阳市、乐山市、南充市、宜宾市、雅安市

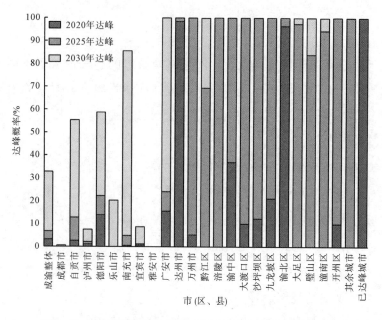

图 4-13　动态模拟下成渝地区双城经济圈及各地达峰概率

4.4.4　累计碳减排潜力

基于 2022—2035 年成渝地区双城经济圈及其各市（区、县）在基准情景普通状态下的碳排放量，计算低碳情景和极低碳情景下各市（区、县）的碳排放削减量，进而得到累计碳减排潜力。

4.4.4.1　双城经济圈整体

如图 4-14 所示，2022—2035 年，成渝地区双城经济圈整体在低碳情景下的累计碳减排潜力为 478.80Mt，在极低碳情景下的累计碳减排潜力为 901.14Mt，这表明成渝地区双城经济圈整体存在较大碳减排潜力，且碳减排潜力随着时间推移逐渐增大。

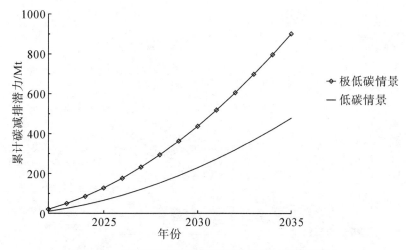

图 4-14　成渝地区双城经济圈整体的累计碳减排潜力

4.4.4.2　双城经济圈各市（区、县）

（1）低碳情景下的累计碳减排潜力

如图 4-15、图 4-16 和图 4-17 所示，若各市（区、县）积极部署减排工作，发展绿色低碳循环经济、提升能源利用效率、调整能源结构，2022—2035 年各市（区、县）的累计碳减排潜力将显著提高，且高碳排放城市的碳减排潜力更大。2022—2035 年，成渝地区双城经济圈各市（区、县）中累计碳减排潜力最大的是成都市（129.97Mt），其次是绵阳市（22.88Mt）、德阳市（21.33Mt）和南充市（19.59Mt）。

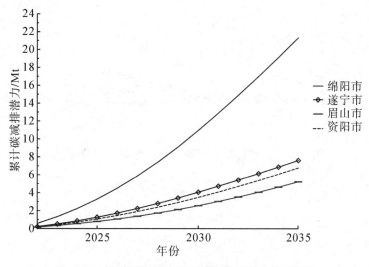

图 4-15　低碳情景下已达峰城市的累计碳减排潜力

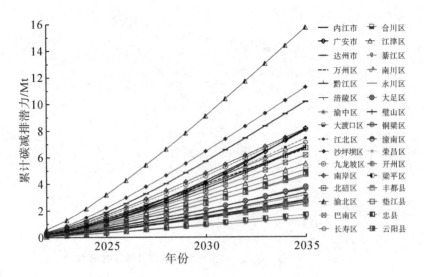

图 4-16   低碳情景下可达峰城市的累计碳减排潜力

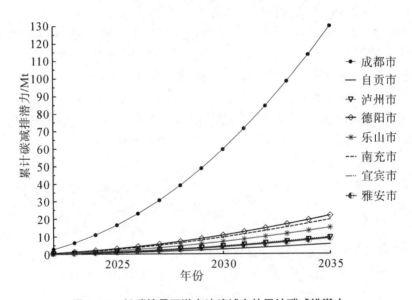

图 4-17   低碳情景下潜在达峰城市的累计碳减排潜力

（2）极低碳情景下的累计碳减排潜力

如图 4-18、图 4-19 和图 4-20 所示，2022—2035 年，成渝地区双城经济圈各市（区、县）中累计碳减排潜力最大的是成都市（246.1Mt），其次是德阳市（41.05Mt）、绵阳市（40.21Mt）和南充市（36.93Mt），这表明若各市（区、县）实施更加严格的节能减排措施，调整能源结构、显著降低资源强度及能源强度、实现社会经济可持续发展，累计碳减排潜力将进一步提高。

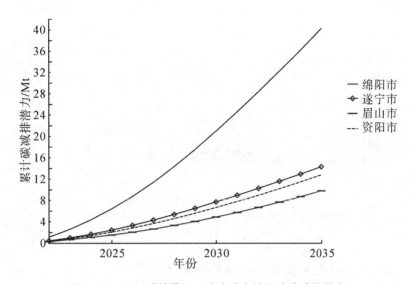

图 4-18 极低碳情景下已达峰城市的累计碳减排潜力

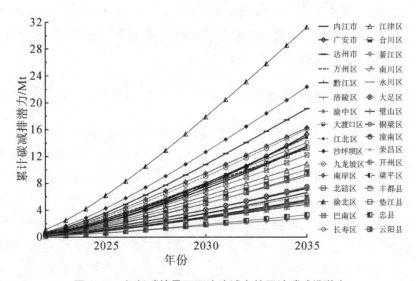

图 4-19 极低碳情景下可达峰城市的累计碳减排潜力

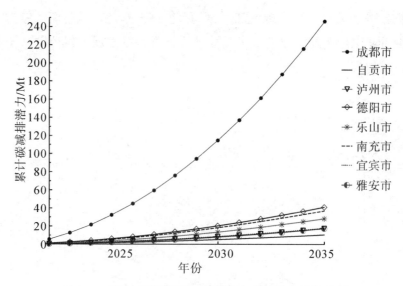

图4-20　极低碳情景下潜在达峰城市的累计碳减排潜力

4.5　成渝地区双城经济圈碳达峰策略

成渝地区双城经济圈整体要实现2030年碳达峰的目标，仍存在诸多挑战。本部分分别从成渝地区双城经济圈整体及其市（区、县）层面对成渝地区双城经济圈的碳达峰提出政策建议。

4.5.1　双城经济圈整体

经济产出效应、人口规模效应和能源消费碳强度效应是导致成渝地区双城经济圈整体碳排放量增加的主要因素，这表明成渝地区双城经济圈整体的经济发展模式和能源消费方式仍具有高碳特征，能源结构调整步伐较慢。因此，成渝地区双城经济圈整体应充分利用地理区位和清洁能源方面的资源禀赋，发展绿色低碳循环经济、促进产业成链集群发展、推动建筑和交通领域的绿色低碳行动、倡导绿色低碳的能源消费方式、建设新型能源体系、提升区域城市协同减排能力，积极部署落实节能减排工作。

4.5.2　双城经济圈各市（区、县）

在前文研究基础上，本部分分别针对已达峰城市、可达峰城市和潜在达峰城市提出碳减排建议。

4.5.2.1 已达峰城市

虽然模拟结果表明绵阳市、遂宁市、眉山市和资阳市 4 市已经率先于 2020 年实现碳达峰，但由于 2020—2035 年各市（区、县）的碳排放量遵循严格的参数和情景设置模拟得到，因此要求各市（区、县）在 2019 年之后沿着既有发展路径大力推动节能减排。如果实际发展过程缺乏有效的碳减排举措，则可能导致 2020 年假达峰。分解分析碳排放因素发现，4 市的经济产出和能源消费碳强度对碳排放具有增排作用，碳减排潜力仍较大。此外，在城市化与工业化快速发展的背景下，各市的能源消费需求仍在持续增长，存在较大的碳排放反弹风险。因此，未来 4 市应以控制碳排放总量及预防碳排放反弹为重点，积极部署碳达峰工作。

具体来说：第一，眉山市应加快传统产业转型升级，大力发展高新技术产业，在成眉高新技术产业带发展中激发经济增长活力；绵阳市应充分利用其作为国家科技城的科技创新优势，推动关键核心技术供给和成果转化应用，为发展绿色低碳产业提供科技支撑；遂宁市和资阳市需着力优化产业结构，加快传统产业的转型升级，同时加大新兴产业的培育力度。第二，推进城镇既有建筑和市政基础设施节能改造，提升建筑节能低碳水平。第三，充分利用本地丰富的天然气资源，加大天然气开发利用力度。

4.5.2.2 可达峰城市

内江市、广安市和达州市等 32 个可达峰城市的碳排放量仍在持续增长。可达峰城市的经济产出同样导致碳排放量的增加。同时，江北区、渝北区、巴南区、长寿区、綦江区和垫江县 6 个区县的能源消费碳强度的减排效应微弱，其余 26 市（区、县）能源消费碳强度对碳排放具有增排作用，这表明这些城市的经济发展质量仍然有待提高，能源消费结构亟须低碳转型。因此，一方面，可达峰城市需着力发展低碳经济，加快淘汰落后产能，推动工业绿色低碳转型，以"成渝氢走廊"建设为契机，强化城市间的合作，形成完善的氢能产业体系；另一方面，大力推动能源领域碳达峰，减少化石能源在消费结构中的比重，持续提高非化石能源占比。

4.5.2.3 潜在达峰城市

2006—2019 年，潜在达峰类城市的碳排放量占成渝地区双城经济圈整体的42.59%。因此，潜在达峰城市的达峰情况对整个成渝地区双城经济圈能否实现2030年碳达峰的目标至关重要。

（1）成都市

成都市是导致成渝地区双城经济圈碳排放量增长的首要城市。然而，动态模拟结果表明，成都市实现2030年碳达峰目标的概率仅为0.7%。作为公园城市首提地和国家批准的低碳试点城市之一，成都市着力推动全域增绿行动、产业建圈强链行动、清洁能源替代攻坚、打造锂电池全产业链示范项目等，努力提高区域经济发展质量和能源利用效率。然而，目前成都市的经济产出和能源消费碳强度仍对碳排放维持增排作用，且近年来能源强度对碳排放的减排作用减弱。为此，成都市应进一步优化产业结构，推动工业能源能耗、工业过程碳排放持续降低；壮大服务业发展，以高质量的服务业为周边城市的制造业发展赋能；大力发展低碳技术、负排放技术，倒逼能源清洁转型。

此外，2020年成都市常住人口达到2094.7万人，成都市进入国家超大型城市行列。根据《成都市国土空间总体规划（2020—2035年）》，2035年成都市的常住人口规模将在2 400万人~2 840万人之间，若维持"十三五"时期的增速，2030年成都市常住人口将会超过2 800万人。持续流入的人口给成都市的经济发展带来了机遇，但同时大幅增加了城市的能源消费需求，从而加大了碳减排压力。因此，成都市一方面应大力构建绿色低碳的交通运输体系、转变城市开发建设模式、优化建筑用能结构，以缓解人口增加带来的碳排放压力；另一方面要抓住成渝地区双城经济圈建设机遇，加快成德眉资同城化建设，推动成都市产业转移和功能疏解，促进人口向周边城市转移，将成都市人口控制在合理规模。

（2）自贡市

作为老工业城市，自贡市近年来积极推进城市发展转型，改革势头良好。通过技术革新、产能置换和绿色转型等措施，自贡市在壮大原有优势传统产业的同时大力培育发展战略性新兴产业。但同时，自贡市的化石能源消费增长较快，碳排放反弹压力大，存在持续增排、碳达峰目标落空的风险。为此，自贡市应坚持"工业强市"战略，着力构建高效、清洁、低碳、循环的工业体系，同时大力发展生态农业、电子信息及以盐、龙、灯、食为主的特色生态旅游业等新兴产业，充分利用丰富的水资源，提高非化石能源消费占比。

（3）泸州市

泸州市的化工、酿酒、机械制造、能源等四大支柱产业在发展过程中不同程度地存在高能耗、高排放、低产出问题，且以煤为主导的能源消费结构尚未改变。对此，泸州市应推动产业绿色低碳转型，提升产业发展质量；优化产业结构，发展新能源、高端装备制造等新兴产业；加快煤改气、煤改电进程。

（4）德阳市

机械、化工、建材等传统产业是德阳市工业经济的重要支撑。2020年，水泥、钢铁、化工、造纸等行业能耗占全市规模以上工业能耗的71.2%。德阳市正处于工业化与城镇化的快速发展期，工业发展及基础设施建设需求决定了德阳市的碳排放量仍将持续上升，减排压力大。对此，德阳市应严控"两高"行业盲目发展，加快产能置换，淘汰落后产能；大力推进产业转型升级，构建绿色清洁、低碳循环的工业体系；实施工程建设的全过程绿色建造，同时对现有建筑进行节能改造；构建绿色低碳的交通体系，推广普及新能源车辆；充分开发利用清洁能源和新能源，转变以化石能源为主导的能源结构。

（5）乐山市

乐山市是全国重要的老工业基地，其依赖高耗能产业带动经济增长的发展模式尚未改变，仍存在产业能耗高、重化工业集中度高等问题。"十三五"期间，乐山市的高耗能产业总体呈增长趋势，2020年万元GDP能耗为0.876吨标准煤，远高于全国和全省的平均水平。此外，据中央环保督察反馈，2021年，乐山已计划实施的32个重点用能工业项目共计新增能耗已达892.2万吨标准煤，超过四川省下达能耗控制目标的1.34倍，其中已开工和建成的20个项目新增能耗就达到了670.9万吨标准煤。为此，乐山市必须竭力优化产业布局，培育新经济增长点；着力发展低碳技术，推动传统产业绿色改造；强化节能审查，严控"两高"项目盲目发展；在重视传统化石能源的技术革新的同时，探索清洁能源的开发利用。

（6）南充市

从历史数据来看，南充市不仅是四川省内的碳排放大户，也是引起成渝地区双城经济圈碳排放变化的重点区域。南充市的丝纺服装和油气化工等传统产业占比较高，且能源消费集中于重工业，高耗能产业发展的能耗贡献高于产值贡献。此外，南充市的能源生产供给能力有限，能源对外依存度高。对此，一方面，南充市应加快传统产业转型升级，壮大战略性新兴产业。具体而言，顺应新能源汽车发展大势，推动汽车汽配产业转型升级，融入成渝汽车汽配产业集群；发挥南充市作为四川省重要石油天然气和化石能源基地的优势，促进油气化工产业深度转型，打造高端化工产业基地；发挥南充市作为国家重要的商品粮基地和农副产品产业基地的优势，大力推动农业、丝绸服装产业高质量发展。另一方面，南充市应着力构建安全、稳定、高效的能源体系，加大天然气开发力度，深化生物质能、水能、太阳能的应用，实现能源供给的清洁低碳。

（7）宜宾市

宜宾市碳排放总量小，且近年来碳排放增速放缓，但化工、酿酒、纺织和建材、食品等传统产业的高耗能、高碳排放以及能源和交通运输的结构性问题使宜宾市面临较大的碳排放反弹风险。对此，宜宾市应推动传统产业绿色低碳转型，稳步提升传统产业质效；壮大以动力电池、新能源汽车、晶硅光伏等为代表的绿色低碳优势产业；控制煤炭消费总量，进一步提升清洁能源使用比例；构建绿色低碳的交通运输体系。

（8）雅安市

雅安市素有"天府之肺"之称，是川西生态优势突出地区。2006—2019年雅安市的碳排放总量小但持续增长。雅安市的建材、矿业等传统资源型行业占地区生产总值比重较大。此外，雅安市近年来非化石能源占比增速放缓。对此，雅安市应厚植生态本色，在促进传统产业绿色低碳转型的同时，大力发展旅游业、生态农业、清洁能源装备制造等产业；合理开发水电资源，持续供给清洁能源，拓展清洁能源在高耗能产业的应用。

参考文献

曹丽斌，李明煜，张立，等，2020. 长三角城市群 CO_2 排放达峰影响研究
　　[J]. 环境工程，38（11）：33-38.
董锋，杨庆亮，龙如银，等，2015. 中国碳排放分解与动态模拟［J］. 中国

人口·资源与环境, 25 (4): 1-8.

董昕灵, 张月友, 2019. 中国碳强度变化因素再分解的理论与实证 [J]. 软科学, 33 (9): 75-80.

冯宗宪, 王安静, 2016. 陕西省碳排放因素分解与碳峰值预测研究 [J]. 西南民族大学学报 (人文社科版), 37 (8): 112-119.

胡茂峰, 郑义彬, 李宇涵, 2022. 多情景下湖北省交通运输碳排放峰值预测研究 [J]. 环境科学学报, 42 (4): 464-472.

黄泰岩, 张仲, 2021. 实现 2035 年发展目标的潜在增长率 [J]. 经济理论与经济管理, 41 (2): 4-12.

林伯强, 蒋竺均, 2009. 中国二氧化碳的环境库兹涅茨曲线预测及影响因素分析 [J]. 管理世界 (4): 27-36.

林伯强, 刘希颖, 2010. 中国城市化阶段的碳排放: 影响因素和减排策略 [J]. 经济研究, 45 (8): 66-78.

刘伟, 陈彦斌, 2021. 中国经济增长与高质量发展: 2020—2035 [J]. China economist, 16 (1): 2-17.

刘峥延, 2021. 长江经济带城市碳达峰和分类减排路径研究 [J]. 未来与发展, 45 (9): 92-100.

鲁传一, 陈文颖, 2021. 中国提前碳达峰情景及其宏观经济影响 [J]. 环境经济研究, 6 (1): 10-30.

潘栋, 李楠, 李锋, 等, 2021. 基于能源碳排放预测的中国东部地区达峰策略制定 [J]. 环境科学学报, 41 (3): 1142-1152.

邵帅, 张曦, 赵兴荣, 2017. 中国制造业碳排放的经验分解与达峰路径: 广义迪氏指数分解和动态情景分析 [J]. 中国工业经济 (3): 44-63.

盛来运, 李拓, 毛盛勇, 等, 2018. 中国全要素生产率测算与经济增长前景预测 [J]. 统计与信息论坛, 33 (12): 3-11.

王少剑, 莫惠斌, 方创琳, 2022. 珠江三角洲城市群城市碳排放动态模拟与碳达峰 [J]. 科学通报, 67 (7): 670-684.

王勇, 王恩东, 毕莹, 2017. 不同情景下碳排放达峰对中国经济的影响: 基于 CGE 模型的分析 [J]. 资源科学, 39 (10): 1896-1908.

翁宇威, 蔡闻佳, 王灿, 2020. 共享社会经济路径 (SSPs) 的应用与展望 [J]. 气候变化研究进展, 16 (2): 215-222.

易信, 郭春丽, 2018. 未来30年我国潜在增长率变化趋势及2049年发展水平预测 [J]. 经济学家 (2): 36-45.

岳书敬, 2021. 长三角城市群碳达峰的因素分解与情景预测 [J]. 贵州社会科学 (9): 115-124.

臧宏宽, 杨威杉, 张静, 等, 2020. 京津冀城市群二氧化碳排放达峰研究 [J]. 环境工程, 38 (11): 19-24.

中国社会科学院宏观经济研究中心课题组, 李雪松, 陆旸, 等, 2020. 未来15年中国经济增长潜力与"十四五"时期经济社会发展主要目标及指标研究 [J]. 中国工业经济 (4): 5-22.

ANG B W, 2004. Decomposition analysis for policymaking in energy: [J]. Energy policy, 32 (9): 1131-1139.

CHEN J, XU C, GAO M, et al., 2022. Carbon peak and its mitigation implications for China in the post-pandemic era [J]. Scientific reports, 12 (1).

MOSS R H, EDMONDS J A, HIBBARD K A, et al., 2010. The next generation of scenarios for climate change research and assessment [J]. Nature, 463 (7282): 747-756.

O'NEILL B C, TEBALDI C, VAN VUUREN D P, et al., 2016. The scenario model intercomparison project (Scenario MIP) for CMIP6 [J]. Geoscientific model development, 9 (9): 3461-3482.

RIAHI K, VAN VUUREN D P, KRIEGLER E, et al., 2017. The shared socio-economic pathways and their energy, land use, and greenhouse gas emissions implications: An overview [J]. Global environmental change, 42: 153-168.

5
成渝地区双城经济圈
绿色协同发展水平及其影响因素

作为传统老工业区，成渝地区双城经济圈长期依赖高污染、高资源能源消耗、高碳排放的产业结构，经济发展模式粗放，导致环境保护与经济发展矛盾日渐突出。"双碳"目标对成渝地区双城经济圈的经济发展质量提出了更高要求。如何实现成渝地区双城经济圈社会经济系统的绿色化、助力国家新发展格局构建，已成为中央政府和地方政府的关注焦点。从成渝经济区、成渝城市群再到成渝地区双城经济圈，区域发展深度融合的趋势决定了成渝地区必须走绿色协同发展的道路。

已有研究对成渝地区的绿色发展水平（李琳 等，2014）、绿色发展效率及时空变化（陈影 等，2022）、高质量发展水平（陈子曦 等，2022；涂建军 等，2021）、区域创新协同（龚勤林 等，2022；叶文辉 等，2020）、产业协同（计方 等，2022；李优树 等，2020）等进行了探讨，但是对绿色协同发展鲜有关注，导致区域绿色协同发展状况及其影响因素不明。把握成渝地区双城经济圈绿色协同发展现状，锚定未来发展方向，对打造现代化环境治理体系和高质量经济增长体系共同繁荣的区域发展样板具有重要意义。为此，本章通过探究区域绿色协同发展的理论内涵并构建评价模型，对成渝地区双城经济圈绿色协同发展水平的演进趋势及影响因素进行分析。

5.1 区域绿色协同发展的概念与内涵

在 2014 年"京津冀协同发展"上升为国家战略后，大量研究从经济、生态、文化等宏观层面，以及产业、创新、碳排放等微观层面对区域协同发展进行了分析评价，但直接论及区域协同发展内涵的研究较少。目前研究对区域协同发展的定义大致可以分为以下三类。

第一类观点将"区域可持续发展"与"区域协同发展"概念混同，以经济、社会、环境的可持续发展状况刻画区域协同发展状况（冯怡康 等，2016；贾品荣，2017；李海东 等，2014）。

第二类观点以区域差距收敛的程度刻画区域协同发展状况。例如，张满银等（2020）认为区域协同发展是区域经济和其人口、资源、社会、生态环境相互匹配适应的状态与区域间差距趋于收敛的动态平衡发展过程的有机统一。薛艳杰等（2016）指出，区域协同发展通过功能的合理分工和合作共赢的协同机制，调动各个地区的积极性，在多个增长极和创新源的带动下，逐步缩小地区差距，实现区域共同繁荣。

第三类观点基于协同学原理，以区域内部要素的有序协调发展，以及各区域目标和努力方向一致的程度刻画区域协同发展状况。例如，孟庆松等（2000）认为，系统协同发展是系统及系统内部子系统之间的相互适应、相互协作、相互配合和相互促进。赵琳琳等（2020）指出，区域生态协同发展既包含各地域单元子系统相互作用、有序演化的共生协调，也包括社会、经济、环境和生态等各子系统的动态演化、有序协调。李琳等（2014）认为，区域经济协同发展是区域之间或同一区域内各经济主体间的协同共生，合力推进大区域经济由无序至有序、从初级到高级的动态转变，形成"互惠共生，合作共赢"的内生增长机制，并最终促进大区域高效有序发展。

综上所述，虽然学者们对区域协同发展的认识侧重点不同，但均强调区域协同发展是一个过程，并且能促进区域整体发展效益的增加。本研究基于第三类观点对区域绿色协同发展内涵进行界定。相对于第三类观点，第一类观点中的区域内部要素的协调发展实际上是区域可持续发展，而区域协同发展应有两层内涵：一是区域内部要素的协调发展；二是不同子区域之间的协同发展水平。第二类观点则忽视了区域协同过程中子区域的动态演化及区域内部要素对区域协同发展的贡献。基于绿色发展的内涵，本研究认为，区域绿色协同发展是区域内各地域单元子系统协调一致地推动系统内部经济、环境和社会等要素由无序向有序协调发展演化，最终实现区域整体有序发展的过程。

5.2 区域绿色协同发展水平评价模型构建

5.2.1 模型设计

当前关于协同度的测算多为测度某一区域（全国、城市群、省或市）在特定时期的经济、环境、资源和社会等要素之间的协同度（Li et al., 2021；Mu et al., 2022；曾刚 等，2018），有关区域间协同度的测算相对较少。目前的测度方法大致可以分为两类：一类是根据区域差距收敛情况衡量区域协同发展状况（张满银 等，2020）；另一类是测算协同发展的理想状态与现实状态之间的差距，常见的方法有数据包络分析方法（DEA）（Liu et al., 2019；穆东 等，2005）、莫兰指数（曾刚，2021）、改进的距离协同模型（贾品荣，2017；康慧聪，2020；李海东 等，2014；李健 等，2017）、复合系统协同度模型（Yu et al., 2021；鲁继通，2015；马骁，2019；汪明月 等，2020；赵琳琳 等，2020）。其中，孟庆松等（2000）基于协同学原理提出的复合系统协同度模型关注子区域内部序参量及序参量分量的作用，在区域协同发展水平评价中得到广泛应用。本研究借鉴该模型构建成渝地区双城经济圈绿色协同发展水平评价模型。在这一模型中，跨域治理的协同是跨域治理系统通过竞争性的合作，在序参量的役使下，协调一致地趋于某个目标，形成新的有序结构和功能的过程（哈肯，1989）。

假设 K 个子区域的绿色发展系统构成区域整体绿色协同发展复合系统 $S = (S_1, S_2, S_3, \cdots, S_K)$。其中，$S_j$ 为复合系统中第 j 个子区域的绿色发展系统，$j \in [1, K]$。设子区域绿色发展系统的序参量变量 $E_j = (E_{j1}, E_{j2}, \cdots, E_{jn})$，$\beta_{ji} \leq E_{ji} \leq \alpha_{ji}$，$\alpha_{ji}$ 和 β_{ji} 分别为序参量分量 E_{ji} 的临界点上下限，n 为序参量分量个数，且 $n \geq 1$，$i \in [1, n]$。β_{ji} 的取值由子系统的第 n 个要素的最小值下浮5%确定，α_{ji} 的取值由子系统的第 n 个要素的最大值上浮5%确定。

（1）子区域 S_j 的序参量分量 E_{ji} 的系统有序度 $\mu_j(E_{ji})$

$$\mu_j(E_{ji}) = \begin{cases} \dfrac{E_{ji} - \beta_{ji}}{\alpha_{ji} - \beta_{ji}}, & i \in [1, l_1] \\ \dfrac{\alpha_{ji} - E_{ji}}{\alpha_{ji} - \beta_{ji}}, & i \in [l_1 + 1, n] \end{cases} \tag{5-1}$$

由式（5-1）可知，E_{j1}，E_{j2}，$\cdots$，E_{jl_1} 的取值越大，子区域绿色发展系统的序参量分量的有序程度越高，反之有序程度越低。E_{jl_1+1}，E_{jl_1+2}，$\cdots$，E_{jn} 的取值越大，子区域绿色发展系统的序参量分量的有序程度越低，反之有序程度越高。$\mu_j(E_{ji}) \in [0, 1]$ 越大，序参量分量对子系统有序度的"贡献"越大。

（2）子区域绿色发展系统的有序度 $U_j(E_j)$

$$U_j(E_j) = \sum_{i=1}^{n} I_i \mu_j(E_{ji}), \ I_i \geq 0, \ \sum_{i=1}^{n} I_i = 1 \tag{5-2}$$

序参量变量 E_j 对子区域绿色发展系统 S_j 有序程度的"总贡献"可通

过 $\mu_j(E_{ji})$ 的集成实现。本研究采用线性加权和法进行集成，I_i 为各序参量分量的权重系数，表示序参量分量 E_{ji} 在系统有序运行过程中的地位和作用。

（3）复合系统协同度 CM

对给定的初始时刻 t_0，设各子区域绿色发展系统的序参量的有序度为 $U_j^0(E_j)$，$j \in [1, k]$；当系统演化到 t_1 时刻，各子区域绿色发展系统的序参量的有序度为 $U_j^1(E_j)$，$j \in [1, k]$。定义 $t_0 \sim t_1$ 时间段区域绿色协同发展系统的协同度为 CM。

$$CM = \theta \sum_j^k \lambda_j [\, |\, U_j^1(E_j) - U_j^0(E_j)\, |\,]\,, \quad \lambda_j \geq 0, \quad \sum_{j=1}^k \lambda_j = 1 \quad (5\text{-}3)$$

$$\theta = \frac{\min[U_j^1(Ej) - U_j^0(Ej)] \neq 0}{|\min[U_j^1(E_j) - U_j^0(E_j)] \neq 0|} \quad (5\text{-}4)$$

其中，λ_j 为各子区域绿色发展系统的权重系数，以成渝地区双城经济圈各市 GDP 占区域 GDP 总量的比重表示。如表 5-1 所示，若 $CM \in [0, 1]$，表明各子区域的绿色发展系统向有序演进，区域绿色协同发展系统处于协同状态；若 $CM \in [-1, 0)$，说明至少存在一个子系统沿着无序的方向发展，区域绿色协同发展系统处于非协同状态。

表 5-1　复合系统协同水平划分表

协同度	协同水平
CM ∈ [−1, −0.666)	高度不协同
CM ∈ [−0.666, −0.333)	中度不协同
CM ∈ [−0.333, 0)	轻度不协同
CM ∈ [0, 0.333)	轻度协同
CM ∈ [0.333, 0.666)	中度协同
CM ∈ [0.666, 1]	高度协同

数据来源：根据邬彩霞（2021）研究整理得到。

5.2.2　模型参数

序参量分量为模型的关键参数。本研究中，S 特指成渝地区双城经济圈绿色协同发展系统，由 16 个子区域绿色发展系统构成。子区域的序参量变量为绿色发展水平，其对绿色发展系统有序度的"总贡献"通过序参量分量的集成实现。因此，本部分旨在确定序参量分量，并计算序参量分量的评价值及权重。

5.2.2.1 子区域绿色发展水平

（1）绿色发展水平评价指标体系

如表 5-2 所示，本研究将绿色发展界定为社会经济系统的绿色化，包括经济增长绿化度、资源环境承载力、城市管理绿色度等三个维度。在此基础上，本研究吸纳压力—状态—响应（pressure state response，PSR）模型，构建由 3 个一级指标、16 个二级指标构成的区域绿色发展水平评价指标体系。

表 5-2　区域绿色发展水平评价指标体系

一级指标	二级指标	单位	性质
经济增长绿化度	人均地区生产总值	元	正
	单位 GDP 能耗	吨标准煤/万元	负
	单位 GDP 二氧化硫排放量	吨/万元	负
	单位 GDP 二氧化碳排放量	吨/万元	负
	全员劳动生产率	元/人	正
	土地产出率	亿元/万公顷	正
资源环境承载力	单位土地面积二氧化碳排放量	吨/平方公里	负
	人均二氧化碳排放量	吨/万人	负
	单位土地面积二氧化硫排放量	吨/平方公里	负
	人均二氧化硫排放量	吨/万人	负
	人均工业污水排放量	吨/万人	负
	$PM_{2.5}$ 浓度	微克/立方米	负
城市管理绿色度	建成区绿化覆盖率	%	正
	城市污水处理厂集中处理率	%	正
	生活垃圾无害化处理率	%	正
	全年人均公共汽（电）车客运量	次	正

（2）指标权重

熵权法于 19 世纪中期由德国物理学家克劳休斯提出，熵值刻画了指标的无序程度，可通过计算信息熵值的大小判定指标权重的大小，是目前客观赋权法中较为常用的一种方法。本研究运用熵权法确定指标权重，设有 K 个评价对象，$j \in [1, K]$，有 m 个一级指标，$t \in [1, m]$，n 个二级指标，$i \in [1, n]$。具体计算步骤如下。

数据标准化。X_{jt} 为评价系统的初值。为了能够整合不同量纲的指标，本研究采用极值法对数据进行无量纲化处理：

$$X'_{jt} = \begin{cases} \dfrac{X_{jt} - \min(X_{jt})}{\max(X_{jt}) - \min(X_{jt})} \\ \dfrac{\max(X_{jt}) - X_{jt}}{\max(X_{jt}) - \min(X_{jt})} \end{cases} \qquad (5-5)$$

第 j 个对象第 t 项指标的信息熵值 e_{jt}：

$$e_{jt} = -Y \sum_{t=1}^{m} P_{jt} \times \ln P_{jt} \qquad (5-6)$$

$$Y = \frac{1}{\ln y}, \quad P_{jt} = \frac{X'_{jt}}{\sum\limits_{t=1}^{m} X'_{jt}} \qquad (5-7)$$

其中，y 为评价年数。

第 j 个对象第 t 项指标的差异性系数：

$$d_{jt} = 1 - e_{jt} \qquad (5-8)$$

第 j 个对象第 t 项指标的权重：

$$W_{jt} = \frac{1 - e_{jt}}{\sum\limits_{t=1}^{m} 1 - e_{jt}} \qquad (5-9)$$

5.2.2.2 子区域绿色发展系统的序参量分量的评价值及其权重

本研究中，序参量分量特指绿色发展的三个维度，即经济增长绿化度、资源环境承载力、城市管理绿色度。序参量分量的评价值能够反映各子区域序参量分量的发展水平及对某一序参量分量的重视程度。

（1）序参量分量的评价值

第 j 个对象第 t 项指标的评价值：

$$F_{jt} = W_{jt} \times X'_{jt} \qquad (5-10)$$

设第 i 项指标（序参量分量）下有 q 个分指标，则第 j 个对象第 i 项指标（序参量分量）的评价值为

$$E_{ji} = \sum_{t=1}^{q} W_{jt} \times X'_{jt} \qquad (5-11)$$

（2）序参量分量的权重

对于多层次结构的评价系统，可以根据信息熵的可加性，借助下层结构指标值信息的效用值，按照一定比例确定对应于上层结构的权重。对下层结构的各类指标的效用值进行求和，可得所有指标的效用值 D ：

$$D = \sum_{i=1}^{n} D_{ji} \qquad (5-12)$$

$$D_{ji} = \sum_{t=1}^{q} d_{jt} \qquad (5-13)$$

二级指标（序参量分量）的权重为

$$I_{ji} = \frac{D_{ji}}{D} \qquad (5-14)$$

5.3 成渝地区双城经济圈绿色协同发展水平评价

5.3.1 子区域绿色发展系统的序参量分量

本部分通过分析三大序参量分量的时空演变，以呈现成渝地区双城经济圈各子区域绿色发展水平及发展重心的发展变化趋势。

如图 5-1 所示，2000—2006 年，各子区域资源环境承载力的评价值在 0.15~0.3 的水平上变化，经济增长绿化度和城市管理绿色度的评价值则分布在 0~0.1 的水平上，三个维度的发展并不协调。

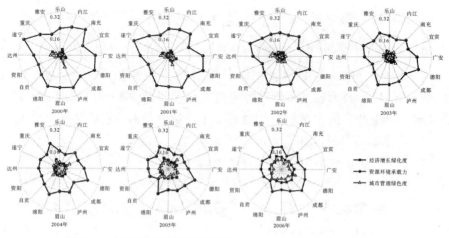

图 5-1　成渝地区双城经济圈 2000—2006 年序参量分量评价值

如图 5-2 所示，2007—2010 年，各子区域的资源环境承载力有所降低，在 0.1~0.2 的水平上徘徊；城市管理绿色度波动增长，大致分布在 0~0.15 的水平上；经济增长绿化度逐年增加，大致分布在 0~0.18 的水平上。各子区域序参量分量的差距减小，经济增长绿色度逐渐在绿色发展中占据主导地位。

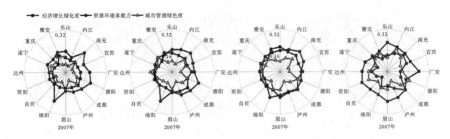

图 5-2　成渝地区双城经济圈 2007—2010 年序参量分量评价值

如图 5-3 所示，2011—2015 年，各子区域的经济增长绿化度维持增长态势，大致分布在 0.15~0.35 的水平上。除达州市外，其余城市的城市管理绿色度均波动增长，大致分布在 0.1~0.3 的水平上。内江市、南充市、宜宾市和德阳市等 8 市的资源环境承载力波动下降，大致分布在 0~0.17 的水平上，乐山市、广安市、成都市和泸州市等 10 市的资源环境承载力波动上升，大致分布在 0.05~0.25 的水平上。三大序参量分量的区域差距逐渐增大，资阳市的资源环境承载力，泸州市和广安市的经济增长绿化度，以及南充市、内江市、雅安市的城市管理绿色度明显高于其他城市，出现较明显的不协调。

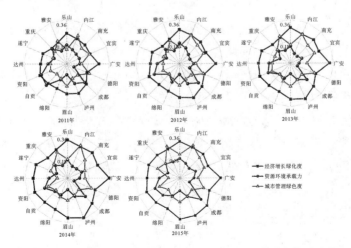

图 5-3　成渝地区双城经济圈 2011—2015 年序参量分量评价值

如图5-4所示，2016—2020年，各子区域的经济增长绿化度、资源环境承载力、城市管理绿色度均有所提升。但是，资源环境承载力与城市管理绿色度的区域差距较前一时期有所增大。

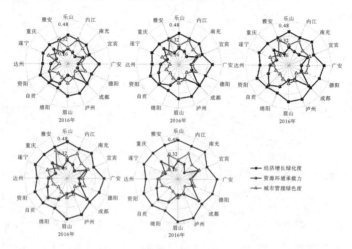

图5-4　成渝地区双城经济圈2016—2020年序参量分量评价值

总体来说，2000—2006年，成渝地区双城经济圈的绿色发展以生态环境保护为核心，因此，资源环境承载力在各子区域的绿色发展中占主导。2007—2015年，促进经济绿色增长逐渐成为成渝地区双城经济圈绿色发展的核心，经济增长绿化度逐年提高。然而，这一时期以经济发展为主要任务的导向忽视了资源环境承载力，导致绿色发展的"绿色"淡化。2016年后，各子区域经济增长绿化度、资源环境承载力、城市管理绿色度的评价值均呈增长态势，表明成渝地区双城经济圈绿色发展逐渐突破环境保护或经济发展的单一维度，强调经济、环境和社会的全方位发展。

但从总体上看，各地区三大序参量分量均低于0.48，且对资源环境承载力和城市管理绿色度的重视不足。此外，由于绿色发展的重心不同，各子区域三大序参量分量的水平及协调状况存在明显差距。就2020年来看，成都市的资源环境承载力最高，达到0.32，南充市的资源环境承载力最低，为0.09；内江市的城市管理绿色度最高，达到0.29，成都市的城市管理绿色度最低，为0.10；泸州市的经济增长绿化度最高，达到0.44，宜宾市的经济增长绿化度最低，为0.33。

5.3.2　子区域绿色发展系统有序度

图 5-5 为 2000—2020 年成渝地区双城经济圈 16 个子区域的绿色发展系统有序度演进情况。图 5-6 进一步展示了 2000—2020 年成渝地区双城经济圈各子区域的绿色发展系统及三大序参量分量的有序度演进情况。如图所示，2000—2006 年，各子区域绿色发展系统的有序度发展缓慢且水平较低，大致在 0.1~0.4 的范围内波动增长。2006—2016 年，各子区域绿色发展系统的有序度呈"锯齿状"增长，但总体仍然较为缓慢。2016 年后，各子区域绿色发展系统的有序度稳步上升。

（1）乐山市

乐山市绿色发展系统的有序度从 2000 年的 0.3 增至 2020 年的 0.88，表现出"平稳增长—快速下降—'M'形增长—'W'形增长—平稳增长"的曲线变化。具体而言，由于经济增长绿化度和城市管理绿色度对乐山市绿色发展系统的贡献稳步增长，资源环境承载力有序度成为乐山市绿色发展系统有序度的关键。如图 5-6 所示，2001—2003 年、2009—2010 年、2012—2013 年乐山市资源环境承载力有序度"断崖式"下跌，导致绿色发展系统的有序度降低。

（2）内江市

内江市绿色发展系统的有序度由 2000 年的 0.29 增至 2020 年的 0.84，表现出"'U'形增长—平稳增长—'V'形增长—平稳增长"的曲线变化。具体而言，2001—2006 年内江市的经济增长绿化度和城市管理绿色度的有序度增长平缓且对绿色发展系统的贡献微弱，资源环境承载力有序度的"断崖式"下跌导致内江市的绿色发展系统向无序演进；2008—2013 年内江市的经济增长绿化度和城市管理绿色度的有序度高速增长，但这一时期资源环境承载力的有序度再次大幅下降，导致内江市绿色发展系统的有序度增速放缓，并在 2012—2013 年出现小幅下降。

（3）南充市

南充市绿色发展系统的有序度由 2000 年的 0.31 增至 2020 年的 0.68，表现出"快速下降—快速波动增长—'W'形增长—缓慢波动增长"的曲线变化。具体而言，2000—2005 年南充市的绿色发展系统有序度演化与内江市 2001—2006 年的情况相同；2010—2014 年南充市资源环境承载力和城市管理绿色度的有序度分别在纵坐标轴两端波动增长，导致绿色发展系统的有序度增长缓慢，仅在 0.44~0.54 的范围内波动。

（4）宜宾市

宜宾市绿色发展系统的有序度由 2000 年的 0.22 增至 2020 年的 0.93，表现出"'W'形增长—'V'形增长—平稳增长"的曲线变化。具体而言，2001—2002 年宜宾市绿色发展系统有序度的演化与内江市 2001—2006 年的情况相同；2003—2005 年宜宾市的资源环境承载力和城市管理绿化度的有序度大幅降低，导致绿色发展系统无序发展；2008—2014 年宜宾市资源环境承载力和城市管理绿色度的有序度呈现此消彼长态势，导致绿色发展系统的有序度增长缓慢，仅在 0.4~0.5 的范围内波动。

（5）广安市

广安市绿色发展系统的有序度由 2000 年的 0.31 增至 2020 年的 0.67，表现出"快速下降—波动增长"的曲线变化。具体而言，2000—2005 年广安市绿色发展系统的有序度演化与内江市 2001—2006 年的情况相同；2007—2016 年广安市资源环境承载力波动下降，导致绿色发展系统的有序度增长缓慢，仅在 0.32~0.53 的范围内波动。

（6）德阳市

德阳市绿色发展系统的有序度由 2000 年的 0.36 增至 2020 年的 0.75，表现出"平稳增长—缓慢下降—缓慢波动增长—'W'形波动增长—平稳增长"的曲线变化。具体而言，2001—2003 年经济增长绿化度和资源环境承载力有序度的大幅下降导致德阳市绿色发展系统向无序演进；2008—2011 年、2012—2013 年德阳市经济增长绿化度和城市管理绿色度对绿色发展系统有序度的贡献稳步增长，但这一阶段资源环境承载力的有序度水平"断崖式"下降，导致绿色发展系统的有序度降低。

（7）成都市

成都市绿色发展系统的有序度由 2000 年的 0.18 增至 2020 年的 0.88，表现出"平稳增长—快速波动下降—快速波动增长—平稳增长"的曲线变化。具体而言，2001—2004 年成都市的经济增长绿化度和城市管理绿色度的有序度变化平缓且对绿色发展系统的有序发展贡献微弱，而资源环境承载力的有序度快速波动下降，导致绿色发展系统无序演进，截至 2005 年仍未恢复至 2000 年的水平；2005—2013 年资源环境承载力和城市管理绿色度的有序度呈现此消彼长的态势，导致成都市的绿色发展系统有序度增长缓慢。

（8）泸州市

泸州市绿色发展系统的有序度由 2000 年的 0.39 增至 2020 年的 0.7，表现出"快速波动下降—缓慢波动增长—快速波动增长—平稳增长"的曲线变化。具体而言，2001—2003 年资源环境承载力和城市管理绿色度的有序度快速下降，导致绿色发展系统的有序度水平大幅降低；2004—2010 年经济增长绿化度的有序度稳步提升，但城市管理绿色度对绿色发展系统有序发展贡献的波动变化，以及资源环境承载力有序度的持续波动下降，导致绿色发展系统的有序度仅在小范围内波动增长，截至 2010 年仍未恢复到 2000 年的有序度水平。

（9）眉山市

眉山市绿色发展系统的有序度由 2000 年的 0.28 增至 2020 年的 0.8，表现出"缓慢下降—快速波动增长—缓慢增长—快速波动增长"的曲线变化。具体而言，2000—2006 年眉山市绿色发展系统有序度演化与内江市 2001—2006 年的情况相同；2009—2015 年眉山市的资源环境承载力和城市管理绿色度对绿色发展系统有序度的贡献呈此消彼长的态势，导致绿色发展系统的有序度增长缓慢，仅在 0.5~0.54 的范围内波动。

（10）绵阳市

绵阳市绿色发展系统的有序度由 2000 年的 0.37 增至 2020 年的 0.91，表现出"缓慢下降—缓慢波动增长—平稳增长"的曲线变化。具体而言，2001—2006 年绵阳市的经济增长绿化度和城市管理绿色度有序度稳步增长，但由于资源环境承载力的有序度持续下降，绿色发展系统无序发展；2009—2010 年绵阳市资源环境承载力有序度的"断崖式"下跌及城市管理绿色度有序度的下降导致绿色发展系统再次出现无序发展；2011—2015 年城市管理绿色度和资源环境承载力的有序度分别在纵坐标轴的两端波动增长，导致绿色发展系统的有序度仅在 0.4~0.52 的范围内波动。

（11）自贡市

自贡市绿色发展系统的有序度由 2000 年的 0.24 增至 2020 年的 0.92，

表现出"缓慢下降—缓慢波动增长—'W'形增长—平稳增长"的曲线变化。具体而言，2000—2016年自贡市的经济增长绿化度和资源环境承载力对绿色发展系统有序发展的贡献稳步增长，其中资源环境承载力的有序度演化与整体绿色发展系统的有序度演化趋势高度吻合。

（12）资阳市

资阳市绿色发展系统的有序度由2000年的0.22增至2020年的0.91，表现出"缓慢下降—缓慢波动增长—快速增长—缓慢波动增长"的曲线变化。具体而言，2001—2003年资阳市绿色发展系统的有序度演化与内江市2001—2006年的情况相同；2004—2010年经济增长绿化度和城市管理绿色度的有序度稳步增长，但资源环境承载力的有序度波动下降，导致绿色发展系统的有序度仅在0.2~0.4的范围内波动增长。

（13）达州市

达州市绿色发展系统的有序度由2000年的0.37增至2020年的0.93，表现出"平稳增长—快速下降—缓慢波动增长—'W'形增长"的曲线变化。具体而言，经济增长绿化度对达州市绿色发展的贡献稳步增长，而2002—2004年、2007—2010年、2012—2013年达州市资源环境承载力和城市管理绿色度的有序度降低，导致绿色发展系统的有序度大幅降低。

（14）遂宁市

遂宁市绿色发展系统的有序度由2000年的0.35增至2020年的0.67，表现出"快速下降—波动"的曲线变化。具体而言，2001—2004年遂宁市绿色发展系统有序度的演化与内江市2001—2006年的情况相同；2005—2013年遂宁市资源环境承载力的有序度持续波动下降，导致绿色发展系统的有序度增长缓慢，仅在0.18~0.4的范围内波动增长。

（15）雅安市

雅安市绿色发展系统的有序度由2000年的0.17增至2020年的0.73，表现出"缓慢下降—快速增长—波动增长"的曲线变化。具体而言，2000—2001年雅安市绿色发展系统的有序度演化与内江市2001—2006年的情况相同；2003—2014年雅安市资源环境承载力的有序度持续波动下降，导致绿色发展系统有序度增长缓慢，仅在0.33~0.5的范围内波动增长。

（16）重庆市

重庆市绿色发展系统的有序度由 2000 年的 0.27 增至 2020 年 0.91，表现出"缓慢下降—'W'形波动增长—平稳增长"的曲线变化。具体而言，2001—2006 年和 2012—2015 年资源环境承载力的有序度水平"断崖式"下降，导致重庆市绿色发展系统的有序度降低。

综上所述，城市绿色发展系统的有序度受到经济增长绿化度、资源环境承载力、城市管理绿色度三大序参量分量的共同影响。任一序参量分量有序度的降低或序参量分量之间的不协调都会导致城市绿色发展系统的有序度降低，甚至导向无序。要实现绿色发展系统有序度的稳步增长，就要协调好经济增长绿化度、资源环境承载力、城市管理绿色度三者的关系。从序参量分量对各城市绿色发展系统有序度的贡献可知，资源环境承载力是抑制各城市绿色发展系统有序度提高的首要因素，城市管理绿色度的有序度的波动变化则影响着各市绿色发展系统的有序度增长的稳定性。就 2020 年的情况来看，达州市、自贡市、资阳市、绵阳市、重庆市 5 市的绿色发展系统有序度水平较高，达到 0.9 以上。

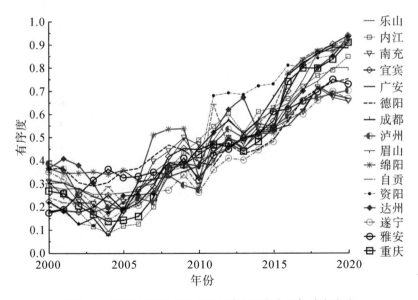

图 5-5　成渝地区双城经济圈各城市绿色发展系统有序度

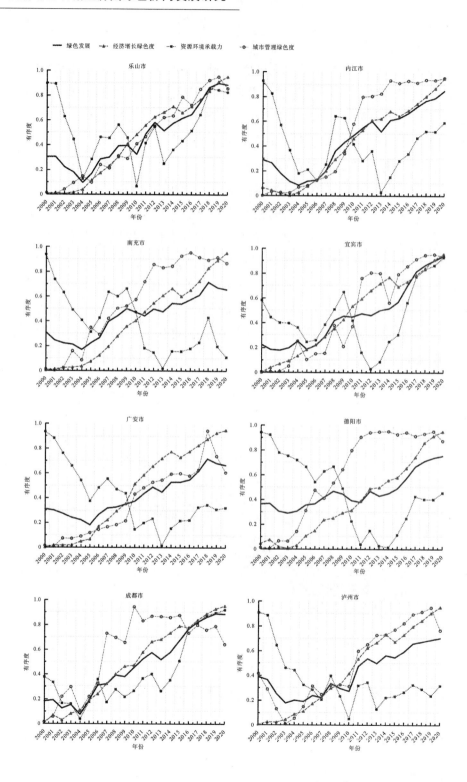

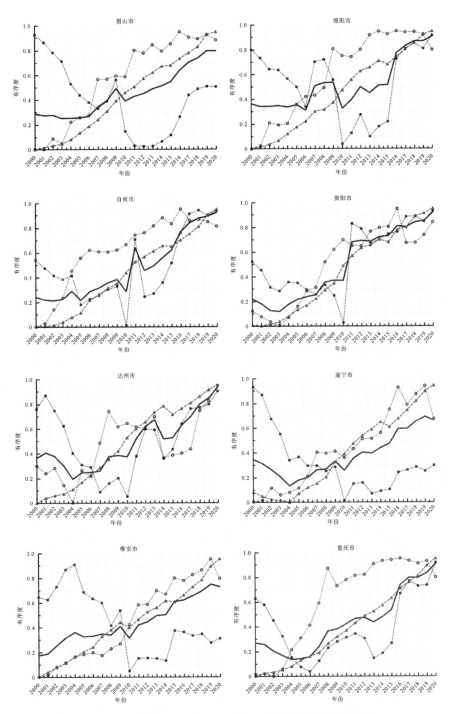

图 5-6　成渝地区双城经济圈各子区域绿色发展系统有序度

5.3.3 成渝地区双城经济圈绿色协同发展水平

以 2000 年为基期，本研究根据 16 个子区域绿色发展系统的有序度计算得到 2001—2020 年成渝地区双城经济圈绿色协同发展水平的演化情况（见图 5-7）。总体上看，在 2001—2020 年的不同阶段，成渝地区双城经济圈绿色协同发展系统由不协同状态向协同状态逐步演化。

（1）2001—2005 年

2001—2005 年成渝地区双城经济圈绿色协同发展水平维持在（-0.11，-0.02）区间内，处于轻度不协同状态。这表明这一时期至少有一个子区域的绿色发展系统沿着无序的方向发展。根据前文分析可知，2001—2005 年成渝地区双城经济圈除雅安市以外的 15 个子区域的绿色发展系统均在特定时期沿着无序的方向发展。

（2）2006—2010 年

2006 年国家发展改革委、国务院西部地区开发领导小组办公室组织编制《西部大开发"十一五"规划》，首次提出要推进包括成渝经济区在内的重点经济区率先发展。以此为契机，成渝地区双城经济圈各子区域的经济高速发展，然而此阶段对资源环境的忽视导致各子区域绿色发展系统的有序度增长乏力。根据前文分析可知，这一时期泸州市、遂宁市和乐山市等 11 市的绿色发展系统均在特定时段出现无序发展。因此，这一时期成渝地区双城经济圈绿色协同发展水平进一步下降，协同度在（-0.16，-0.09）的区间内波动，处于轻度不协同水平。

（3）2011—2015 年

2011 年《成渝经济区区域规划》发布，对成渝城市合作推动循环经济发展和区域经济一体化提出了具体要求。此后，各子区域的绿色发展系统有序演进，促使成渝地区双城经济圈绿色协同发展向协同状态变化。但这一阶段，各子区域的资源环境问题仍然突出。2013 年起成渝地区作为雾霾污染的重灾区，频发长时间、大范围、高强度的重污染天气，导致各子区域资源环境承载力对绿色发展系统有序度的贡献呈"锯齿状"变化。因此，这一时期各子区域绿色发展进程仍然相对缓慢，成渝地区双城经济圈绿色协同发展系统处于轻度协同水平。

（4）2016—2020 年

2016 年《成渝城市群发展规划》对"绿色城市建设""生态环境共

治""城市一体化发展"的强调为成渝地区推动区域高质量发展奠定了基调。这一时期，成渝地区双城经济圈各子区域在三大序参量分量的协调发展上取得了阶段性成效，区域绿色协同发展水平由 2016 年的 0.45 增至 2020 年的 0.60，达到中度协同水平。但是，各子区域的资源环境承载力和城市管理绿色度的波动变化，以及南充市、广安市、遂宁市等地三大序参量分量有序度水平的悬殊，导致 2018 年后各子区域绿色发展系统的有序度增速放缓，成渝地区双城经济圈绿色协同发展水平增速也随之放缓。

图 5-7　成渝地区双城经济圈绿色协同发展水平

5.4　成渝地区双城经济圈绿色协同发展水平的影响因素

成渝地区双城经济圈有良好的协同基础。从历史上看，成渝地区双城经济圈历史同脉、文化同源、人缘相亲，具有相似的历史文化底蕴。从地理条件上看，成渝地区双城经济圈同处长江上游，共同承担着筑牢长江上游生态屏障的重要任务。但在实际发展过程中，成渝地区双城经济圈的绿色协同发展水平仍然受到绿色发展基础差异、绿色发展系统的有序度、府际合作的深度和广度及纵向行政干预等一系列因素的影响。

5.4.1 绿色发展基础差异

绿色发展意味着实现产业结构转型升级、能源消费结构调整、资源能源利用效率提高、环境质量改善以及城市生活质量提升等多方面的协同发展。然而，受经济发展基础、能源结构、人才储备和技术水平等因素影响，成渝地区双城经济圈各市的绿色发展基础仍然存在较大差异，推进绿色发展的难度也不尽相同。

对于成渝地区双城经济圈的 16 市而言，实现绿色发展的首要制约因素是资源环境承载力。从总体上看，受人均和地均污染物排放、环境质量、工业废水治理情况等因素影响，各市资源环境承载力有序度对绿色发展系统的贡献不同。从 2016—2020 年各市资源环境承载力的有序度来看，自贡市、资阳市、成都市、重庆市等城市位居前列，在（0.8，1）的区间内增长；遂宁市、南充市和广安市则远落后于其他城市，在（0，0.3）的区间内徘徊。

成渝地区多数城市的产业功能定位为制造业基地、化工基地或以制造业为特色的优势产业。这意味推动绿色发展需要以先进的人才和技术等资源禀赋为支撑，对传统制造业进行绿色低碳化改造，然而决定各市资源流动的经济基础并不均衡。从经济规模看，成渝地区双城经济圈呈现重庆市和成都市双核独大的局面。2020 年重庆市的人均 GDP 为 78 294 元，成都市的人均 GDP 为 85 679 元，分别是其他 14 个城市人均 GDP 的 1.53 倍和 1.67 倍。由于缺少次级城市，城市之间的经济扩散效应不显著，在成都和重庆之间出现了中间塌陷现象，区域经济发展高度不平衡。由于经济发展状况进一步影响城市的污染治理投资和绿色基础设施建设，因此，区域经济发展的不均衡也导致城市管理绿色度的差距。

各市绿色发展基础的差异决定了各市绿色发展进程也存在一定差距，而其中明显落后于成渝地区双城经济圈整体水平的城市将影响整个区域的绿色协同发展水平。

5.4.2 绿色发展系统的有序度

协同理论认为所有复杂系统都存在协同作用，协同作用是形成有序系统结构的内部驱动力。协同并非各子系统效应的简单加总，各子系统之间相互作用与相互协调会产生 1+1>2 的整体效应（白列湖，2007）。从成渝地区双城经济圈各市的绿色发展系统来看，经济增长绿化度、资源环境承载力、城市管理绿色度的协调发展会驱动各市的绿色发展系统有序演进；从成渝地区双城经济圈整体的绿色发展系统来看，各市协同一致地推动绿色发展系统有序演进，将驱动成渝地区双城经济圈绿色协同发展水平不断提高。2000—2020 年，成渝地区双城经济圈的绿色发展系统逐渐由不协同趋向协同，特别是 2011 年后，资源环境承载力有序度的提高改善了各市序参量分量间的协调状况，驱动各市绿色发展系统的有序度提高，进而推动成渝地区双城经济圈绿色发展系统的协同性。

然而，在系统发展变化的过程中，各个变量的演变速度通常是不一致的。变化速度较快的变量在对系统产生影响之前可能就已改变或消失了，实质上真正影响系统的恰恰是演变较慢的变量，即"快速衰减组态被迫跟随于缓慢增长的组态"（白列湖，2007）。因此，在复合协同系统中，任何子系统的低水平发展或无序发展都会影响系统整体的协同水平。2000—2005 年和 2006—2010 年除雅安市外，成渝地区双城经济圈各市均因资源环境承载力或城市管理绿色度的无序发展在特定时段出现绿色发展系统有序水平较低或无序发展的情况，导致成渝地区双城经济圈的绿色发展系统处于不协同状态；2011 年后，虽然成渝地区双城经济圈绿色发展系统向协同演进，但南充市、广安市、泸州市、雅安市、德阳市和眉山市等地的绿色发展进程始终落后于区域整体，导致区域绿色协同发展水平上升缓慢，当前仍处于中度协同水平。

5.4.3 府际合作的深度和广度

府际合作的核心驱动力是利益分配，是效率逻辑下的行为选择。府际协议是指政府间为了推进区域合作，按照平等自愿、优势互补、合作共赢的原则，以协议的形式达成的政府间合作意向。府际协议的范围十分广泛，无论是政府间的"握手"协议，还是正式的合同文本签署，都属于府际协议的范畴（Chen et al., 2008）。任何一项府际协议都是二元或多元关系的体现，是协议各方自愿互惠行为的结果。因此，府际协议刻画了府际合作关系（锁利铭，2017）。第三章针对成渝地区双城经济圈府际协议的分析发现，2011 年后，成渝地区双城经济圈围绕流域治理、灾害应对以及环境污染治理开展了广泛合作。2013 年成渝两地首次就环境保护签署战略合作协议，提出两地将从大气污染联防联控、水环境保护合作、应急联动机制合作等 10 个方面展开合作；2016—2019 年，成渝地区双城经济圈府际协议以流域生态环境保护、林业有害生物防控、危险废物转移等主题为主；2020 年进一步细化有关预防控制水污染、大气污染、林业有害生物及危险废物转移等相关协议。在协议的约束下，协议各方自发调整自身的政策取向以适应共同政策，生态环境保护工作取得阶段性成效。因此，2011 年后成渝地区双城经济圈各市的资源环境承载力转向有序发展，绿色发展系统的有序度提高，成渝地区双城经济圈绿色发展系统的协同度提升，2016 年后逐渐步入中度协同水平。

但早期成渝地区双城经济圈的合作仍以"避害型合作"为主，即是对区域环境治理中的突出矛盾或现实问题的被动回应。例如，2013 年开始，为治理严重的雾霾问题，有关预防控制大气污染的府际协议数量增加。2016 年 11 月和 2017 年 8 月，首轮中央环保督察组分别进驻重庆市和四川省，2016 年后有关生态环境保护和污染治理的府际协议数量大幅增加。2020 年后，为贯彻区域协同发展的国家战略，成渝地区双城经济圈有关绿色发展的府际协议数量明显增加，但仍以生态环保领域的合作为主。一个领域内的协同只有在其他领域也同样实施协同策略时才会起作用（秦鹏等，2021）。绿色协同发展需要各地区在经济绿色增长、环境质量优良、城市绿色管理等方面达成同步。然而，当前成渝地区双城经济圈缺乏基于共同利益导向的自主协作，合作重心针对既有或潜在的环境问题决定了府际合作的深度和广度不足。

5.4.4　纵向行政干预

组织制度理论认为，组织嵌植于社会和政治环境中，其行为不仅受技术要求、资源依赖等"约束机制"的影响，还会受到更为广泛的制度环境和组织场域等机制的影响。由于行政体制造成区域利益碎片化，仅由利益驱动的区域协同发展会受制于制度性集体行动的困境（Yi et al., 2018）。因此，当地方政府主体由于利益冲突或权力不对等而存在冲突，无法自发形成协同时，上级政府可以通过制定宏观政策、下达行政命令、进行战略规划、相关部门领导人发言、行政部门直接介入等手段干预地方政府的行为（Moseley et al., 2008；Saz-Carranza et al., 2016；Ye, 2009）。按照干预方式的不同，可以将纵向干预划分为三种类型：权威型（authority-based）、激励型（incentive-based）和信息型（information-based）（Moseley et al., 2008）。

纵向行政力量的干预作用促使成渝地区双城经济圈形成"抱团"发展的结构性压力，在一定程度上促进了地区的绿色协同发展。首轮中央环保督察组 2016 年 11 月进驻重庆市，2017 年 8 月进驻四川省；第二轮中央环保督察组 2019 年 7 月进驻重庆市，2021 年 8 月进驻四川省。中央环保督察组借助精神宣讲、会议动员、环保约谈、问责惩处机制等与地方党委和政府进行多轮互动和沟通，解构了地方党委和政府原有的共识，重新构建适应新时代生态文明建设实践需要的新共识（陈贵梧，2022）。两轮环保督察在向地方政府施加环保绩效压力的同时更突出了政治责任压力，通过双重压力捆绑对成渝地区形成震慑（苑春荟 等，2020），迫使地方政府优先将各类行政资源投入环境保护领域。基于生态环境问题整改的共识，成渝地区双城经济圈有关跨域污染防治和生态屏障保护等方面的合作也随之增多。

此外，2006 年以来，从"成渝经济区"到"成渝城市群"再到"成渝地区双城经济圈"，党中央对成渝地区协调发展的战略部署不断深化，推动区域绿色发展系统由不协同向协同演进。成渝地区双城经济圈建设提出"打造西部经济高质量增长极"，要求成渝地区双城经济圈在区域深度融合发展的同时实现向绿色发展的转型。在新的中央战略指导下，成渝地区双城经济圈对城市空间绿化的重视不断增强，有关生态环境保护和基础设施建设方面的合作迅速增多，区域绿色协同发展水平稳步提升。

参考文献

白列湖，2007. 协同论与管理协同理论［J］. 甘肃社会科学（5）：228-230.

曾刚，2021. 长三角城市协同发展能力评价及其区域一体化深化路径研究［J］. 华东师范大学学报（哲学社会科学版），53（5）：226-236.

曾刚，王丰龙，2018. 长三角区域城市一体化发展能力评价及其提升策略

[J]. 改革（12）：103-111.

陈贵梧，2022. 中央生态环境保护督察何以有效？一个"引导式共识"概念性框架 [J]. 中国行政管理（5）：119-127.

陈影，文传浩，沈体雁，2022. 成渝地区双城经济圈绿色发展效率评价及时空演变研究 [J]. 长江流域资源与环境，31（5）：1137-1151.

陈子曦，青梅，杨玉琴，2022. 成渝地区双城经济圈高质量发展水平测度及其时空收敛性 [J]. 经济地理，42（4）：65-73.

冯怡康，王雅洁，2016. 基于 DEA 的京津冀区域协同发展动态效度评价 [J]. 河北大学学报（哲学社会科学版），41（2）：70-74.

龚勤林，宋明蔚，韩腾飞，2022. 成渝地区双城经济圈协同创新水平测度及空间联系网络演化研究 [J]. 软科学，36（5）：28-37.

哈肯，1989. 高等协同学 [M]. 郭治安，译. 北京：科学出版社.

贾品荣，2017. 区域低碳协同发展评价：京津冀、长三角和珠三角城市群的比较分析 [J]. 经济数学，34（4）：1-6.

计方，刘星，2022. 产业链视角下成渝经济圈新能源汽车产业政策协同性研究 [J]. 企业经济，41（5）：137-150.

康慧聪，2020. 基于改进距离协同度模型的区域物流协同发展评价研究 [D]. 保定：河北大学.

李优树，冯秀玲，2020. 成渝地区双城经济圈产业协同发展研究 [J]. 中国西部（4）：35-45.

李海东，王帅，刘阳，2014. 基于灰色关联理论和距离协同模型的区域协同发展评价方法及实证 [J]. 系统工程理论与实践，34（7）：1749-1755.

李健，范晨光，苑清敏，2017. 基于距离协同模型的京津冀协同发展水平测度 [J]. 科技管理研究，37（18）：45-50.

李琳，刘莹，2014. 中国区域经济协同发展的驱动因素：基于哈肯模型的分阶段实证研究 [J]. 地理研究，33（9）：1603-1616.

李琳，张佳，2016. 长江经济带工业绿色发展水平差异及其分解：基于 2004~2013 年 108 个城市的比较研究 [J]. 软科学，30（11）：48-53.

李晓西，潘建成，2011. 中国绿色发展指数的编制：《2010 中国绿色发展指数年度报告：省际比较》内容简述 [J]. 经济研究参考（2）：36-64.

鲁继通，2015. 京津冀区域协同创新能力测度与评价：基于复合系统协同

度模型 [J]. 科技管理研究，35（24）：165-170.

马骁，2019. 基于复合系统协同度模型的京津冀区域经济协同度评价 [J].
　　工业技术经济，38（5）：121-126.

孟庆松，韩文秀，2000. 复合系统协调度模型研究 [J]. 天津大学学报
　　（4）：444-446.

穆东，杜志平，2005. 资源型区域协同发展评价研究 [J]. 中国软科学
　　（5）：106-113.

秦鹏，刘焕，2021. 成渝地区双城经济圈协同发展的理论逻辑与路径探索：
　　基于功能主义理论的视角 [J]. 重庆大学学报（社会科学版），27（2）：
　　44-54.

锁利铭，2017. 城市群地方政府协作治理网络：动机、约束与变迁 [J]. 地
　　方治理研究（2）：13-26.

涂建军，况人瑞，毛凯，等，2021. 成渝城市群高质量发展水平评价 [J].
　　经济地理，41（7）：50-60.

汪明月，刘宇，李梦明，等，2020. 区域碳减排能力协同度评价模型构建与
　　应用 [J]. 系统工程理论与实践，40（2）：470-483.

邬彩霞，2021. 中国低碳经济发展的协同效应研究 [J]. 管理世界，37
　　（8）：105-117.

薛艳杰，王振，2016. 长三角城市群协同发展研究 [J]. 社会科学（5）：
　　50-58.

叶文辉，陈凯，2020. 成渝城市群创新协同及空间效应特征 [J]. 经济体制
　　改革（5）：65-72.

苑春荟，燕阳，2020. 中央环保督察：压力型环境治理模式的自我调适：一
　　项基于内容分析法的案例研究 [J]. 治理研究，36（1）：57-68.

张满银，全荣，2020. 京津冀区域协同发展评估 [J]. 统计与决策，36（4）：
　　72-76.

赵琳琳，张贵祥，2020. 京津冀生态协同发展评测与福利效应 [J]. 中国人
　　口·资源与环境，30（10）：36-44.

CHEN Y, THURMAIER K, 2008. Interlocal agreements as collaborations：An
　　empirical investigation of impetuses, norms, and success [J]. The American
　　review of public administration, 39（5）：536-552.

LI J, YE S, 2021. Regional policy synergy and haze governance-empirical evidence from 281 prefecture-level cities in China [J]. Environmental science and pollution research, 28 (9): 10763-10779.

LIU Y, LI L, ZHENG F T, 2019. Regional synergy and economic growth: evidence from total effect and regional effect in China [J]. International regional science review, 42 (5-6): 431-458.

MOSELEY A, JAMES O, 2008. Central state steering of local collaboration: Assessing the impact of tools of meta-governance in homelessness services in England [J]. Public organization review, 8 (2): 117-136.

MU X, KONG L, TU C, et al., 2022. Correlation and synergy analysis of urban economy-energy-environment system: A case study of Beijing [J]. Natural resource modeling, 35 (1).

SAZ-CARRANZA A, SALVADOR IBORRA S, ALBAREDA A, 2016. The power dynamics of mandated network administrative organizations [J]. Public administration review, 76 (3): 449-462.

YE L, 2009. Regional government and governance in China and the United States [J]. Public administration review, 69 (s1): s116-s121.

YI H, SUO L, SHEN R, et al., 2018. Regional governance and institutional collective action for environmental sustainability [J]. Public administration review, 78 (4): 556-566.

YU W, GANG L, MINGWU L, 2021. Synergy of ports and cities in the Chengdu-Chongqing economic circle and the influencing factors [J]. Systems science & control engineering, 9 (1): 623-630.

6

成渝地区双城经济圈绿色协同发展面临的挑战及应对策略

成渝地区双城经济圈建设受到中央的高度重视，两地政府也在积极推动区域绿色协同发展，但由于分割治理的历史惯性、区域差异的客观现实，以及绿色发展问题本身的特殊性等原因，成渝地区双城经济圈绿色协同发展仍面临一系列挑战，包括"中部塌陷""产业同构""协同失灵"等。

6.1 面临挑战

6.1.1 合作网络产生"中部塌陷"现象

从成渝经济区到成渝城市群再到成渝地区双城经济圈，各地区间的合作日趋紧密，但是总体合作网络依然较为松散，且合作发文主体集中于四川和重庆的省级单位，市级单位合作积极性不高。从地理范围来看，成都和重庆两市间的政策合作远多于其他地区。此外，川渝毗邻地区的合作相对较多，跨区域合作不足。

除了相对于其他城市合作更为密切外，重庆市、成都市与其他城市之间的经济社会发展差距较大，产生了"中部塌陷"现象，导致2000—2020年成渝地区双城经济圈的绿色协同发展一直处于轻度不协同到中度协同状态。成渝地区双城经济圈表面上看是16个城市之间的关系，但实际上参与主体还包括了中央政府、重庆市政府和四川省政府。一方面，16个城市受中央统一指挥；另一方面，重庆市是一个中央直辖的省级行政区，成都市则为副省级城市，其政治地位明显高于其他14个一般地级市（周凌一，2020）。重庆市作为省级行政区，集众多政治、社会、经济、文化职能于一体，同时能够得到更多的政策支持，具备较强的资源吸引能力。成都市作为四川省的省会城市，位列全国七个超大城市之一（城区常住人口超过1 000万人），发挥着西南"三中心一枢纽"的功能作用，2020年占据了四川省约36.45%的地区生产总值和25.02%的人口。与成都市和重庆市这两个核心城市相比，其他14个地级市的政治地位和影响力都明显较低，在双城经济圈的发展中处于配角位置。

偏好相似理论表明，在经济发展水平接近的区域，商品及生产要素的流动性更强，合作程度也会更高。然而，重庆市和成都市的经济发展水平远远高于其他城市，形成了核心—边缘格局，在一定程度上制约了成渝整

体城市群的绿色协同发展。2020 年,重庆市的地区生产总值为 25 041.43
亿元,成都市的地区生产总值为 17 716.67 亿元,而其他 14 个城市的地区
生产总值总和仅为 25 510.76 亿元。重庆市、成都市和其他城市经济发展
差距的长期扩大,造成成渝两地对成渝地区双城经济圈其他 14 个城市巨
大的"虹吸效应",促使城市群内自然资源、人力资源、先进产业和技术
等要素向这两地流动,形成了重庆市和成都市要素资源充足、其他城市要
素资源短缺的格局,导致成渝城市群的非均衡发展。在经济得到迅速发展
的同时,重庆和成都两市也有更充足的资金来治理环境污染,在经济发展
中采用更为先进和清洁的技术,推动产业结构轻型化调整,提升城市绿色
发展效率。然而其他经济水平较低的城市由于缺乏足够的资金和技术等资
源要素,绿色发展效率相对较低,对双城经济圈整体的绿色协同水平造成
负面影响。

6.1.2 "产业同构"掣肘发展效率

绿色协同发展机制是协调区域间利益、实现区域资源优化配置的重要
依托。根据比较优势理论,成渝地区双城经济圈中的各级各类城市应该发
挥各自的比较优势,进行产业结构的合理布局,推动资源的有序配置和产
业协同,以实现绿色协同发展。

然而,成渝地区双城经济圈各城市在资源配置与产业结构布局中依然
存在无序竞争现象与产业同构问题。根据 2020 年规模以上工业企业利润
总额数据,成渝两地排名前十的制造业行业中有六大行业趋同。电子信息
产业、装备制造业、化学工业、医药工业等构成了四川省的支柱产业,主
要布局在成都市以及环成都市的几个重点城市。而在重庆市的"一小时经
济圈"内部,形成了交通运输设备制造业、化学原料、化学制品及综合性
装备制造业等集聚的产业格局。因此,成渝地区双城经济圈内各级各类城
市的产业分工尚未能明确,往往几个地区都将同一产业或同几个产业列为
重点发展对象,专业化城市和多样化城市界限模糊。在这种同质化的产业
结构下,各市更多的是谋求自身利益的"竞生"关系,而非相互促进的
"共生"关系。没有合理分工的重复建设,势必会造成区域内各级各类城
市资源的极大浪费,导致大量不必要的资源配置"内耗"交易费用,从而
不仅使成渝城市群经济发展滞后,也不利于城市群整体绿色协同发展(方

一平，2001；吴芳 等，2014；杨继瑞，2018）。

此外，私营企业在成渝城市群绿色协同发展过程中的作用尚未充分显现。企业作为推动区域经济和城市群协同发展的重要主体，很大程度上决定着城市群的自组织能力及协同发展水平（刘波 等，2021）。在社会主义市场经济体制下，市场是资源配置最基础、最有效率的手段，充满活力的私营企业是推动城市群协同绿色发展的重要力量。但是，与长江三角洲、珠江三角洲城市群的协同发展建立在企业之间紧密经济联系的基础上不同，成渝地区双城经济圈"政府+企业"的发展模式较为普遍，私营企业数量较少。2020 年重庆市和四川省的私营企业数量分别占全国的 2.32% 和 2.83%，而广东省、江苏省和浙江省分别占 12.29%、9.48% 和 8.50%（国家统计局，2021）。私营企业数量不足影响了成渝双城经济圈在绿色协同发展中的自组织作用。

6.1.3　区域碳达峰形势严峻

总体看来，成渝地区双城经济圈近年来的各项绿色发展指标都有较大改善。但是，部分指标，包括人均 GDP、单位 GDP 能耗、三次产业劳动生产率、单位土地面积二氧化碳和二氧化硫排放量、科学技术支出占财政预算的比重、建成区绿化覆盖率、污水处理厂集中处理率、生活垃圾无害化处理率和全年人均公共汽（电）车客运量，仍然低于全国平均水平。而且，成渝地区双城经济圈 16 个地区实现绿色协同发展的首要制约因素仍然是资源环境承载力。这意味着成渝地区双城经济圈的绿色发展必须进一步提高地区经济发展水平，增加基础建设投入，同时削减能源消耗和污染物排放量。在这个背景下，成渝地区双城经济圈在 2030 年前实现碳达峰面临着严峻挑战。

根据本研究的模拟结果，成渝地区双城经济圈在 2030 年前碳达峰的概率仅为 32.8%。在城市层面，可分为三类城市。已达峰城市：绵阳市、遂宁市、眉山市和资阳市 4 市，此类城市已率先实现达峰，但后续依然需要严格执行各项节能减排政策；可达峰城市：内江市、广安市和达州市等 32 个市（区、县），此类城市在静态和动态模拟中均能在 2030 年前实现碳达峰；潜在达峰城市：成都市、自贡市、泸州市等 8 市，此类城市的碳排放在 2020 年后呈多情景发散型演化，在特定情景下难以在 2030 年实现碳达峰。其中，南充市不晚于 2030 年碳达峰的概率为 85.7%；自贡市、德阳市、乐山市存在较大的目标落空风险，不晚于 2030 年碳达峰的概率分别为 55.42%、58.9%以及 20.4%；成都市、泸州市、宜宾市和雅安市的碳达峰进程则明显落后于其他城市，难以实现碳达峰目标。

6.1.4 绿色协同治理存在壁垒

跨域绿色治理要求地方政府间统筹协调、联合行动，但我国地方政府的行动长期依赖于中央政府与上级政府的指导，横向互动极少（周振超等，2009）。成渝地区双城经济圈目前的合作领导机制属于双重领导制，由四川省委书记与重庆市委书记共同担任领导者，这种横向合作模式与跨行政区环境的整体性之间的内在矛盾导致了成渝绿色协同治理的困境。

第一，治理主体结构偏离中央规划。根据中央规划，成渝地区双城经济圈应以双核引领、区域联动为原则，促进区域协同发展。一方面，围绕重庆市主城区和成都市培育现代化都市圈，带动周边地市和区县加快发展；另一方面，推动渝东北、川东北地区一体化发展，推动川南、渝西地区融合发展，增强交界地区合作交流。然而，目前重庆市尚未发挥核心城市功能，"双核"效果未形成。以成都市为中心，目前双城经济圈内已形成了成德（雅）眉资、成都平原经济区等合作联盟，联系紧密，按期召开生态环境联防联控联治专题工作会议，进行联合执法检查，而重庆市在环境治理中难以融入以四川省内城市为主体的环境治理合作联盟（周维 等，2010），也并未发挥其应有的带动作用，与其他城市的合作范围较为局限（黄勤 等，2017）。此外，次级城市发展不足，毗邻地区实际合作较为深入，非毗邻地区实际行动缺乏。目前，成都市作为中心城市在与省内其他城市的环境合作治理中发挥着重要作用，以重庆为主的川渝毗邻地区也形成了一个重要的合作整体。然而，非毗邻地区仍处于省内合作的阶段，跨省合作机制仍未建立，导致成渝地区双城经济圈整体呈现出两个空间隔离的核心发展区域被一个过大的、集中的、连续的次级城市所包围的问题。非毗邻地区缺少合作治理的共同环境基础，过于依赖中心城市的引领作用，合作存在"割裂"现象，一体化程度还有待提升（黄勤 等，2017；李月起，2018a）。

第二，实际治理合作松散化、表面化。目前成渝地区双城经济圈已经建立了沟通协商机制，定期召开工作会议进行环境治理安排。但常规的工作会议仅起到两方面的作用，一是听取上一阶段环境治理成果，二是对下一阶段的环境治理进行安排。就前者而言，如果一个城市本阶段的环境治理效果没有达到前期设定的目标，跨界污染治理领导小组无权对其进行惩罚，这就给城市提供了逃避责任的机会。就后者而言，工作会议上能做出的治理安排也仅是宏观或中观层面的，较少涉及具体的治理行动安排，具体的治理工作仍然是各城市自主进行安排执行。根据本研究资料收集结果，虽然成渝地区双城经济圈的各城市间共签订了91份跨界环境合作协议，但与强制性的行政命令不同，此类行政协议的签署并不具有法律层面的强制性意义，没有强有力的制度化约束来控制合作主体的行动选择（李月起，2018b；陈井安 等，2022；锁利铭 等，2018），而且省市层面签署的协议主要为宏观性的战略合作及制度建设规划，并未涉及具体措施，实际的地方合作仍然受到地方经济发展规划、领导主观因素等影响，具有较大的不确定性（Mu et al.，2018）。此外，虽然大气污染是成渝地区双城经济圈的重要环境问题，但城市群内并没有形成统一的联防联控机制，部分区域的联防联控机制也主要以帮扶为主，仍然存在着"各自为政"和"单打独斗"的现象（彭嘉颖，2019；杨波 等，2020）。总体来看，成渝地区双城经济圈各城市环境治理较为注重对可能流入本区域的污染物的风险规避，还未形成如长江三角洲地区"合作型"的污染治理模式（宋鹏 等，2022）。

第三，环境治理标准协调统一困难。成渝地区双城经济圈要想实现高效的绿色协同发展，环境标准的统一是必要前提。2020年10月，川渝两地召开了生态环境标准统一座谈会，推进重点行业主要污染物排放标准协调统一。2022年10月，重庆市印发《重庆市重污染天气应急预案》（2022年修订版），与四川省2022年修订的最新预案预警分级基本一致。目前虽然两地政府做出了很多努力，但细微层面仍然存在不统一的问题，造成了现实层面的合作障碍。如表6-1所示，成渝多个方面的现行环境标准值仍然存在差异。此外，城市群内环境标准的不统一导致企业在选址时更倾向于污染排放限值较为宽松的地方。然而，如果企业选址在上风向或河流上游，则可能造成下风向或河流下游城市的污染物浓度超标。在这种情况下，上游城市认为该企业污染物排放达标，而下游城市则认为该污染源不在本地管辖范围内，自身也是上游企业污染排放的受害者，导致污染治理责任界定难和环境治理效率低下。例如，广安市的邻水县挨着重庆渝北区，而整个渝北位于重庆市的上风上水，因此重庆市要求几乎只要有大气污染的企业都不能放在渝北区，但是邻水县是四川省环境质量管控最松的地方，工业园区众多，企业产生的污染会扩散到渝北区，导致双方很难达成统一意见。

表 6-1　成渝地区双城经济圈部分环境标准限值　　单位：mg/m³

	水泥烘干机、烘干磨、煤磨及冷却机		印刷		表面涂装	
	四川	重庆	四川	重庆	四川	重庆
颗粒物	10	10	—	—	—	—
二氧化硫	50	50	—	—	—	—
氮氧化物	100	50	—	—	—	—
苯	—	—	1	6	1	1
甲苯和二甲苯	—	—	20	80	27	45
VOCs	—	—	80	140	80	80

6.1.4.1　各方利益难以调和

城市群生态环境保护有利于维护区域共同利益，使所有地方政府都从中获益，但由于存在环境治理问题的特性以及地方政府间的信息壁垒，目前成渝地区双城经济圈各城市间的利益协调困难。

一方面，环境治理的正外部性所导致的"搭便车行为"以及生态补偿机制不完善，导致各地方政府难以达成环境治理共识。一个地方政府开展环境治理所取得的收益会同时惠及周边区域，周边的地方政府即使不采取任何治理行动，区域内的环境质量也会得到改善。基于理性考虑，相较于投入大量资金进行治理行动产生环境效益并且惠及周边地区而言，地方政府更倾向于"坐享其成"。因此，即使地方政府间达成了合作协议，每一个地方政府也都期望自己付出较少的成本、获得较大的收益。也就是说，环境治理本身的外部性特征影响了地方政府之间开展合作行动的信任。此外，合理的生态补偿机制的缺失也影响了地方政府间的信任及合作治理意愿。目前，成渝地区双城经济圈对各地治理责任的划分给予了一定关注，但仍以属地治理为绝对主导，未建立科学完善的成本分担和利益共享机制

（马燕坤 等，2021）。因此，许多地方政府本来愿意为了改善辖区内的环境质量而付出行动，但由于跨界环境问题涉及的双方难以就环境治理成本收益的分配达成一致，因此导致合作困难（刘太刚，2016）。

另一方面，地方政府间的信息传递和交换困难也影响着合作治理效率。其一，由于环境数据信息获取成本较高，且地方政府往往认为这些信息属于地方私有物品，仅与自身管辖范围内的环境状况有关而与其他地区并没有关联，因此忽视了环境资源的整体性和流动性。只有将各辖区内的信息进行广泛的综合处理，才能从一个全面的角度看待面临的环境形势（李月起，2018b）。其二，如果地方政府的合作意愿不强或是被动地参与合作，那么地方政府很有可能出于自身利益考虑而象征性地执行合作协议。在这种情况下，环境信息对于地方政府而言尤为重要，导致其可能不愿披露环境状况、资金投入等跨域污染治理的真实情况。因此，地方政府虽然名义上开展了合作治理，但由于环境信息不互通、监督机制缺失，治理效率会受到较大影响。加强信息的互联互通一直是成渝地区双城经济圈合作环境治理关注的重点问题，但受到行政权限的影响，目前各城市间的信息交换还主要是定期性的纸质信息交换，尚未能建立一个跨界信息数据共享平台（陈井安 等，2022；刘贵利 等，2021）。

6.1.4.2 双重领导体制缺陷

跨域环境污染治理要求地方政府间统筹协调、联合行动，但我国地方政府的行动长期倚靠上级政府的指导，横向互动极少，建立一个跨区域的公共管理组织面临重重困难。在成渝地区双城经济圈的府际合作环境治理中，也缺少跨域环境治理的常设机构，难以形成共同治理的局面（杨新春等，2008；Tang et al.，2022）。成渝地区双城经济圈是在中央的推动下构建起来的，但中央并没有进行直接领导，目前的合作领导机制属于双重领导制，四川省委书记与重庆市委书记共同担任成渝双城经济圈的领导人，双方协商区域的发展与建设。双重领导容易造成政出多门、命令不一的现象，影响行政效率（周振超 等，2009）。集中统一领导机构的缺失意味着不同政府和部门之间的合作仍然呈现分散的形态，不利于建立治理共识。

与京津冀和长三角城市群相比，成渝地区双城经济圈缺乏合作治理的内生动力。京津冀地区密集的人口活动和污染产业分布导致了连片的大气污染，影响正常的生产生活秩序，这反而推动了京津冀开展合作治理，达成环境共识。并且，由于北京是我国的首都，京津冀地区的发展以北京为中心，形成稳定的合作体系，协同发展由此产生（庄贵阳 等，2017）。长江三角洲城市群则是基于共同经济发展的需要而形成的以上海为中心的合作体系。成渝地区目前并没有形成强大的合作治理内生动力，而主要依赖于强有力的外部领导。但是，成渝地区双城经济圈建设领导小组实际上发挥的作用非常有限，仅在定期会议时进行方向性的指引。成渝地区双城经济圈在很大程度上仍然是一个松散的地方政府集合，如果没有适当的制度框架，领导小组就会在行政区划之间的复杂政治中丧失作用（Liu et al.，2018）。

分割治理的历史惯性也是影响成渝地区双城经济圈双重领导制有效性的重要因素。水平联系的缺失被认为是中央集权制国家自上而下的行政等级制度的内在缺陷，对府际合作环境治理造成了巨大障碍（Xu et al.，2013）。由于政治资源的稀缺性，地方政府之间的关系往往表现为过度的竞争，多方合作谋取共同发展则鲜少被重视。碍于我国没有就横向的地方政府间的合作原则、合作流程、合作保障等具体事项进行明确，缺乏法律及政策的指导，地方政府之间开展合作需要自行摸索，难免会出现政策构想快于具体行动的困境。环境治理领域同样存在着"行政区行政"的现象，即使双方达成了合作治理意向，但具体的污染治理措施仍由各地方政府自行安排。基于此，成渝地区双城经济圈双重领导制的横向合作模式与跨行政区环境的整体性之间的内在矛盾导致了府际合作环境治理的困境（张紧跟，2022）。此外，地方政府间的等级差异也会造成合作环境治理的对话错位。《成渝地区双城经济圈建设规划纲要》强调成都市和重庆市在双城经济圈建设中的"双核心"地位，主要突出两座城市的协同发展以及区域带动作用。但就目前成渝地区双城经济圈的合作来看，主要的合作主体是四川省与重庆市，因为从行政级别上而言，二者都是省级行政区，具有平等对话的基础。但此合作模式存在两大矛盾：一是四川省并非所有地区都纳入了成渝地区双城经济圈，以四川省为主体开展合作可能存在主体偏差问题；二是成都市与重庆市或许有直接合作的意愿，但行政级别的差异会导致平等对话基础缺失，难以形成深入合作。环境合作治理在较多情况下会由行政级别较高的城市进行统筹安排，而级别较低的城市发挥的作用仅为配合行动，但低级别城市针对自身较为迫切的污染治理需求则难以与较高级别城市进行联合行动。

6.1.4.3 合作信任基础薄弱

合作治理理论指出，任何一个个体在没有其他治理主体的帮助下无法单独完成某一公共问题的治理时，就会产生合作治理的需求（Liu et al.，2018）。信任对于实现地方政府间的良好合作以及跨域环境污染治理绩效尤为重要。信任可以被定义为行动者 A 对行动者 B 避免机会主义行为的意图和动机有稳定的积极期望。信任的缺失则会使得地方政府之间的心理距离疏远，产生隔阂，从而导致合作失败。

信任是在非正式的网络结构中发展起来的，促进和巩固了城市群中不同地方政府之间的协调和互动，从而加深了跨界伙伴关系。在城市群府际合作环境治理领域，由于地方政府长期处于绩效竞争的压力下，彼此之间的联系大都表现为相互竞争或是共同配合上级行动，地方政府对于其余合作主体并没有充分地了解，没有建立起紧密的心理联系。他们不确定即使达成了合作协议，其余主体是否会出现背离合作的行动。在没有外界强制干预的情况下，由于信任的缺失，地方政府间很难就一项具有外部性的活动达成共识，从而产生合作困境。

对于成渝地区双城经济圈而言，环境治理合作在交界处较为活跃。其原因有以下两个方面：一是交界地区面临着共同的环境问题，必须依靠双方通力合作才能解决问题；二是虽然 1997 年重庆市从四川省分离出来成为直辖市，但行政边界的划分无法割裂交界处人们之间的联系，四川省和重庆市交界处一衣带水，具有良好的基层社会信任资本。但对于双城经济圈内其他地方政府而言，各地区之间缺乏共同的环境基础，难以产生合作意向，并且由于对其他地区环境污染状况、政府行政能力、领导办事风格等不熟悉，双方合作治理的心理基础缺失。

此外，地方政府间缺乏常态化的沟通交流也是造成信任缺失的重要原因。自 1997 年成立直辖市后，重庆市与四川省在城市发展、招商引资方面形成了激烈的竞争态势（方行明 等，2022）。在环境治理领域，成渝地区双城经济圈各城市间的沟通仍然以线下会议和实地考察交流为主，虽然面对面的交流能够获取的有效信息更多，但却大大影响了沟通的效率。并且地区间的沟通在合作达成前期会保持较高的频率，但当合作协议签署之后，治理方案的实施仍然表现出分割治理的形态。

6.2 应对策略

6.2.1 引导优化区域协同发展格局

在 2011 年发布《成渝经济区区域规划》、2016 年发布《成渝城市群发展规划》以及 2020 年中央首提成渝地区双城经济圈三个关键节点，成渝地区有关绿色发展的政策文献数量以及绿色协同发展状态都出现了较为显著的变化。这表明目前成渝地区双城经济圈的绿色协同发展依然主要受到上层政策驱动。因此，建议从国家层面进一步出台相关政策，引导成渝地区双城经济圈缩小内部发展差距，推动成渝两地"以点带面、协同联动"提高区域绿色发展协同度。作为西部最大的双核城市群，成渝地区双城经济圈强化重庆和成都两大中心城市的辐射带动作用是重要发展方向（黄勤 等，2017）。一方面，全面提升重庆和成都两大中心城市的发展能级和综合竞争力，并围绕重庆市主城区和成都市培育现代化都市圈，使之成为带动周边地区发展的强劲动力源和具有国际竞争力的活跃增长极；推动重庆打造国家重要先进制造业中心、西部金融中心、西部国际综合交通枢纽和国际门户枢纽；推动成都打造区域经济中心、科技中心、世界文化名城和国际门户枢纽（魏后凯 等，2020）。另一方面，强化重庆市和成都市对其他城市的辐射带动作用，规划研究明确重庆和成都两大中心城市的核心功能和非核心功能，积极向外部有序转移非核心功能，科学有序地进行产业转移，将产业链延伸到周边城市，切实做到对绿色发展低效率城市的对口支援，以大带小，实现优势互补、错位发展，形成布局合理、集约高效的发展格局。在发挥辐射带动作用时，可针对性地选取一些具有发展特色或符合发展要求的城市，通过精准带动来提升这些城市的发展水平，带动周边城市协同发展（李月起，2018a）。

6.2.2 调整产业发展结构

一是优化产业结构，加快传统产业转型升级。提高新兴产业比例，实现提升优化传统产业和加快发展新兴产业"双轮驱动"。严控钢铁、水泥、煤炭等行业新增产能。全面推进区域绿色制造，大力推动轻工、机械、化工等传统产业升级改造，加快向智能化、绿色化和高端化转型（杨梅，2021）。围绕新一代信息技术、生物医药、新能源、新材料等战略性新兴产业发展，培育绿色新兴产业集群，构建绿色低碳产业体系。发展成都市、自贡市、德阳市等节能环保产业集群，加快自贡等老工业城市产业转型升级。加快打造"成渝氢走廊"，培育氢能产业生态圈。在成都市天府新区探索开展能源互联网模式创新试点，发展乐山光伏全产业链集群。二是加强对社会资本投资的绿色水平的甄别和监管。适当提高外商投资的环境准入门槛，规范和约束社会资本投资行为，积极落实准入清单制度，编制正面清单和负面清单，防止发达国家和跨国公司通过外商直接投资的方式将高污染产业转移到本地区。同时，优化社会资本投资结构，积极引进资源节约型、绿色低碳型以及科技先进型的社会投资，减少流入高污染企业的社会投资，充分发挥社会投资的技术优势和外溢效应，整体上提高成渝地区双城经济圈的绿色创新技术水平和绿色发展效率（卢建词 等，2023；张娆 等，2022）。三是进一步增加环境规制强度，充分发挥其创新补偿效应。一方面，根据当地的产业结构等特征，建立和完善强制性的绿色生产法律制度，全方位实施环境规制立法、执法和监督措施，使得绿色发展有法可依、有法必依、违法必究；另一方面，创新环境规制方式，完善市场化的环境规制手段，如建立区域碳排放交易中心、推进环境税改革、对绿色生产企业发放补贴等，通过政府力量与市场力量相结合的方式形成更加高效合理的环境规制（刘登娟 等，2017）。

6.2.3 加大节能减排力度确保碳达峰

成渝地区双城经济圈应充分利用地理区位和清洁能源方面的资源禀赋，发展绿色低碳循环经济、促进产业成链集群发展、推动建筑和交通领域的绿色低碳行动、倡导绿色低碳的能源消费方式、建设新型能源体系、提升区域城市协同减排能力，以积极部署落实节能减排工作。

已达峰城市由于城市化与工业化发展迅速，能源消费需求仍在持续增长，存在较大的碳排放反弹风险。如果实际发展过程中缺乏有效的碳减排举措，则可能导致 2020 年假达峰。因此，这些地区在 2019 年之后仍须沿着既有发展路径大力推动节能减排，预防碳排放反弹。

内江市、广安市和达州市等 32 个可达峰城市的碳排放量仍在持续增长，同时，江北区、渝北区、巴南区、长寿区、綦江区和垫江县 6 个区县的能源消费碳强度的减排效应微弱，其余 26 市（区、县）能源消费碳强度对碳排放具有增排作用。因此，可达峰城市一方面需着力发展低碳经济，加快淘汰落后产能，推动工业绿色低碳转型，以"成渝氢走廊"建设为契机，强化城市间的合作，形成完善的氢能产业体系；另一方面应大力推动能源领域碳达峰，减少化石能源在消费结构中的比重，持续提高非化石能源占比。

就潜在达峰城市来说，应因地制宜制定碳达峰策略。例如，成都市应进一步优化产业结构，推动工业能源能耗和碳排放持续降低；以高质量的服务业为周边城市的制造业发展赋能；大力发展低碳技术、负排放技术，倒逼能源清洁转型；大力构建绿色低碳的交通运输体系、转变城市开发建设模式，缓解人口增加带来的碳排放压力；加快成德眉资同城化建设，推动成都市产业转移和功能疏解，促进人口向周边城市转移。泸州市应推动产业绿色低碳转型，提升产业发展质量；优化产业结构，发展新能源、高端装备制造等新兴产业；加快煤改气、煤改电进程。宜宾市应推动传统产业绿色低碳转型，稳步提升传统产业质效；壮大动力电池、新能源汽车、晶硅光伏等为代表的绿色低碳优势产业；控制煤炭消费总量，进一步提升清洁能源使用比例；构建绿色低碳的交通运输体系。

6.2.4 加快区域绿色协同共治

6.2.4.1 完善互惠机制建设

第一，明确治理责任分担规则。城市群内的跨域环境问题具有广泛性和难以分割性，因此每一个城市都承担起环境治理责任应是成渝地区双城经济圈绿色协同治理的基本共识。其一，秉承着"谁污染、谁治理"的原则，依据环境污染物排放情况、严重程度及污染影响范围进行治理责任的初次分配。污染物排放越多、污染越严重的地方承担更大的治理责任，同时，受到环境污染影响的地方都需共同承担治理责任。其二，依据经济实力、技术水平、治理能力等进行治理责任的再次分配。经济实力越强、污染治理技术越先进、治理能力越强的地区应承担更大的治理责任。城市群内各地方发展水平差异较大，一些城市已经累积了较多的经济资本，正朝着高质量发展稳步前进，而另一些城市仍然处于经济增长的关键期，传统工业发展仍然是主要抓手。面临不平衡的发展状况，经济实力强、技术水平高及治理能力经验强的城市应向环境污染严重的地区提供资金和技术支持，帮助其提升环境治理效率。如果说依据污染排放源头的责任分配是局部公平的体现，那么依据治理能力的责任分配则是广泛公平的体现，二者共同发挥作用能够使得治理责任分配规则更加合理，从而调动各地方政府的环境合作治理积极性。

第二，健全生态利益补偿机制。城市群生态利益补偿机制是指在生态管理和保护中受惠的一方支付给对方一定的生态收益费用或承担部分环境管理和保护费用（胡熠 等，2006）。城市群生态补偿机制既是府际合作环境治理的重要手段，也是环境责任共担的必然要求。成渝地区双城经济圈应努力构建科学合理的生态补偿机制，以调动各地方政府的环境治理积极性（毛显强 等，2002）。环境污染不严重但经济较为发达的城市可以对污染严重地区进行适当的资金补偿，若后者获得的经济支持足以弥补环境治理产生的成本，城市群内就可以达成合作治理意向（袁亮 等，2016）。同时，国家也可对污染治理形势较为严峻的地区进行适当的财政拨款，缓解城市群资金压力，促进地方政府环境治理意愿的提高。

6.2.4.2　加强对话沟通

第一，成立跨域治理协调机构。城市群环境治理必然涉及跨行政区的基础设施建设、治理要素流通以及府际关系协调等问题，而且城市群的地理范围愈大，面临的合作困境愈复杂。因此，组建跨行政区的城市群环境合作治理领导协调机构势在必行，是将各地方政府割裂的环境治理模式转变为集中统一的整体性治理模式的有效手段（毛蕴诗 等，2022；段新 等，2020）。城市群应依据相关法律规定，报请上级政府批准设立领导协调机构，明确该机构的职能、权限、机构设计和人员组成等，保证职权行使的合法性和权威性。该机构不隶属于任何一个地方政府，而是一个具有独立权威性的领导机构。从跨域环境治理的长远需求和实际情况来看，在机构内部可以设置常设性机构和临时性机构，常设性机构主要是指跨域环境治理所必需的决策机构、执行机构、监督机构等，机构人员可由城市群内各地方政府自主决定，但必须遵循公平、公开、公正的原则，而临时性机构是指针对突发或严重的跨域环境污染问题而设立的领导小组或项目小组等（周伟，2018）。中央全面深化改革领导小组第三十五次会议通过了《跨地区环保机构试点方案》，提出在京津冀及周边地区开展跨地区环保机构试点，努力解决突出的大气环境问题。这为我国其余城市群建立环境合作治理领导协调机构提供了良好的实践经验。

第二，加强信息沟通平台建设。借助现代信息技术建设城市群环境信息共享平台，保障信息公开，打破信息垄断，促进信息共享，提高信息传递效率，纠正信息扭曲。环境信息平台应是一个集办公与监管为一体的综合平台，各地方政府需要将府际合作环境治理目标、实际环境状况、环境考核情况等数据及时上传，监管机构及社会公众都有权对治理信息进行查看。同时，除了大气污染和流域水污染等跨域环境治理的有关信息，各地方政府也应报告区域内部的环境信息，便于环境治理协调机构及其他地方政府准确把握城市群的环境形势，做出统一治理安排，预防环境风险。同时，借助环境信息共享平台，扩宽地方政府沟通交流的渠道，实现信息的快速传递。

6.2.4.3　培育共享合作文化

第一，培育合作共赢治理理念。城市群府际合作环境治理要求地方政府树立互利共生、合作共赢的价值理念，只有突破行政区划的掣肘，化竞争为合作，才能顺利推进环境治理，实现区域可持续发展。城市群各级政府要积极培育合作共赢理念，减少地方官员的逐利行为选择，塑造环境治理共同愿景，积极探索横向合作方式，主动融入环境治理行动。创设良好的协商平台与规则，促进地方政府间开展友好对话与交流，达成合作共识。针对城市群内较为棘手的环境污染治理问题，地方政府应经常组织召开专题分析会议，研判环境污染形势，做出合理部署。同时，各地也可以积极开展多元的专题学习交流活动，例如区域发展论坛、政策宣讲会、民众座谈会等，在此过程中不断强化生态环境改善共同愿景，在城市群内形成强大的组织心理力量。加快推进城市群府际合作信用体系建设，通过制度化的承诺来减少区域合作过程中的猜疑以及背离合作的情形出现（胡炜光　等，2012）。

第二，发挥多元参与治理优势。对于跨域环境问题，仅靠政府的强制性力量难以形成可持续的环境治理模式，多元治理主体的参与能够为环境治理增添活力。大型工业企业是造成环境污染的重要主体，而仅采用强制性的行政手段难以从根本上转变企业的发展方式，地方政府要运用多元化的手段增强企业的环保意识，使企业自觉自愿进行污染排放控制，寻找新的利润增长点，并培育企业间的相互监督机制。同时，地方政府应鼓励公众、非营利组织等社会力量广泛参与城市群府际合作环境治理，扩宽信息获取及意见表达渠道，建立起环境合作治理的常态化监督机制。搭建公众与地方政府的沟通渠道，设立专门的公众意见表达板块及环境违法举报通道，广泛倾听社会公众的诉求与建议，将社会监督落到实处。

6.2.4.4　优化保障监督体系

城市群地方政府间的合作需要自上而下的制度引导与权力授予，仅依靠地方政府间的自发互动难以达成有效的治理合作。自上而下的政策设计及制度确立可以帮助地方政府缓解彼此间的相互不了解以及不信任的困境，并且在合作初始阶段提供帮助与指导，提升地方政府对于环境合作治理的认同与信心，形成府际合作环境治理的制度推力（锁利铭，2022；王超奕，2020）。

第一，完善府际合作法律保障体系。国家要迅速推进地方政府跨区域合作的相关法律法规建设，在横向上确立制度化的府际合作关系（易志斌等，2009；吕天宇 等，2017）。规范城市群地方政府横向合作的流程，双方合作的达成以正式的合作协议为依据，需要有明确的合作目标、合作规则、合作内容等，财权事权界定清晰，法律效力明确，建立跨区域环境问题的责任追溯程序与纠纷解决机制。建立独立于各地方政府的环境评价小组，构建科学合理的环境合作治理履行情况评价方法。明确城市群环境信息公开事项，形成相互监督的制约机制，同时发挥社会监督的强大力量。

第二，变革地方政府考核监督体系。在成渝地区双城经济圈建设中，中央政府要完善生态环境指标的设置，扩宽指标考核的覆盖面，适当提高环境治理的目标，提高环境目标在官员绩效考核中所占的比例。此外，中央在设置考核指标时要注意强调环境治理的整体性，对环境污染的联合治理、共同考核提出要求，注重治理责任的公平分配，促进城市群府际合作环境治理顺利开展。利用先进技术手段开展跨区域大气污染溯源，优化河流水质考核断面设置，落实主体责任，在行政区边界处增设责任共担断面（刘贵利 等，2021）。构建多元主体考核机制，中央定期考察城市群环境治理状况，成立城市群环境治理监督机构，增加公众考核、第三方评估等考核形式。构建新型考核方式，通过新媒体平台、电子政务平台等实现环境治理成效与考核主体的有效对接，使地方政府接受更加多元的监督，保障治理绩效的真实性（刘彩云 等，2020）。

参考文献

陈井安，池瑞瑞，2022. 新发展格局下成渝府际协同研究：演进过程、面临挑战与实现路径［J］. 软科学，36（12）：19-26.

段新，戴胜利，廖凯诚，2020. 绿色经济发展与政府绿色治理的协调效应及其动态关系［J］. 统计与决策，36（15）：119-123.

方行明，许辰迪，杨继瑞，2022. 成渝同质化竞争与化解［J］. 经济体制改革（2）：73-78.

方一平，2001. 成渝带产业结构及其优化研究［J］. 中国人口·资源与环境（S2）：55-57.

国家统计局，2021. 中国统计年鉴 2021［M］. 北京：中国统计出版社.

黄勤，刘素青，2017. 成渝城市群经济网络结构及其优化研究［J］. 华东经济管理，31（8）：70-76.

胡炜光，杨爱平，2012. 我国不完全府际契约的成因及有效实施路径［J］. 广东行政学院学报，24（1）：71-75.

胡熠，黎元生，2006. 论流域区际生态保护补偿机制的构建：以闽江流域为例［J］. 福建师范大学学报（哲学社会科学版）（6）：53-58.

李月起，2018a. 新时代成渝城市群协调发展策略研究［J］. 西部论坛，28（3）：94-99.

李月起，2018b. 新发展理念下成渝城市群府际合作治理模式探索［J］. 中国行政管理（5）：153-155.

刘波，邓玲，2021. 双循环新格局下成渝贵城市群协同发展影响因素与实现

路径研究 [J]. 贵州社会科学 (5)：135-143.

刘彩云，易承志，2020. 多元主体如何实现协同？中国区域环境协同治理内在困境分析 [J]. 新视野 (5)：67-72.

刘登娟，吕一清，2017. 长江经济带成渝城市群环境与经济协调发展评价 [J]. 经济体制改革 (2)：36-42.

刘贵利，王侬，2021. 深化成渝地区联防联控机制建设筑基双城经济圈战略 [J]. 环境保护, 49 (14)：40-43.

刘太刚，2016. 我国经济发展与环境保护的囚徒困境及脱困之道：兼论需求溢出理论的公共管理学发展观 [J]. 天津行政学院学报, 18 (2)：3-8.

卢建词，姜广省，2023. 企业参与绿色治理的锚定效应研究 [J]. 中南财经政法大学学报 (1)：23-36.

吕天宇，李晚莲，卢珊，2017. 京津冀雾霾治理中的府际合作研究 [J]. 环境与健康杂志, 34 (4)：371-375.

马燕坤，王喆，2021. 成渝地区双城经济圈科学高效治理：现实透视与体制机制创新 [J]. 经济体制改革 (4)：50-57.

毛显强，钟瑜，张胜，2002. 生态补偿的理论探讨 [J]. 中国人口·资源与环境 (4)：40-43.

毛蕴诗，王婕，2022. 基于利害相关者理论的绿色全产业链治理体系研究 [J]. 武汉大学学报 (哲学社会科学版), 75 (2)：133-149.

彭嘉颖，2019. 跨域大气污染协同治理政策量化研究 [D]. 成都：电子科技大学.

宋鹏，朱琪，张慧敏，2022. 环境规制执行互动与城市群污染治理 [J]. 中国人口·资源与环境, 32 (3)：49-61.

锁利铭，位韦，廖臻，2018. 区域协调发展战略下成渝城市群跨域合作的政策、机制与路径 [J]. 电子科技大学学报 (社科版), 20 (5)：90-96.

王超奕，2020. 跨区域绿色治理府际合作动力机制研究 [J]. 山东社会科学 (6)：124-129.

魏后凯，李玏，年猛，2020. "十四五"时期中国城镇化战略与政策 [J]. 中共中央党校（国家行政学院）学报, 24 (4)：5-21.

吴芳，何小勤，杨洋，等，2014. 成渝工业分工合作及其空间联系效应分析

[J]. 软科学, 28 (7): 122-125.

杨波, 吴世玲, 杨洪燕, 2020. 成渝地区双城经济圈生态治理跨界合作研究 [J]. 中国经贸导刊 (中) (9): 119-120.

杨继瑞, 2018. 深化供给侧结构性改革: 构建成渝产业大生态圈的思考 [J]. 西部论坛, 28 (1): 71-75.

杨梅, 2021. 我国西部城市群的地方政府间经济合作模式及比较研究 [D]. 成都: 电子科技大学.

杨新春, 姚东, 2008. 跨界水污染的地方政府合作治理研究: 基于区域公共管理视角的考量 [J]. 江南社会学院学报 (1): 68-70.

易志斌, 马晓明, 2009. 论流域跨界水污染的府际合作治理机制 [J]. 社会科学 (3): 20-25.

袁亮, 何伟军, 沈菊琴, 等, 2016. 晋升锦标赛下的跨区域生态环保合作机理及机制研究 [J]. 华东经济管理, 30 (8): 52-59.

张紧跟, 2022. 党建引领: 当代中国区域治理研究的新议程 [J]. 理论探讨 (4): 57-63.

张娆, 郭晓旭, 2022. 碳排放权交易制度与企业绿色治理 [J]. 管理科学, 35 (6): 22-39.

周凌一, 2020. 纵向干预何以推动地方协作治理? 以长三角区域环境协作治理为例 [J]. 公共行政评论, 13 (4): 90-107.

周伟, 2018. 地方政府间跨域治理碎片化: 问题、根源与解决路径 [J]. 行政论坛, 25 (1): 74-80.

周维, 张斌, 余波, 等, 2010. 基于引力模型的双核城市空间关系研究: 以成渝双核城市为例 [J]. 资源开发与市场, 26 (11): 982-984.

周振超, 李安增, 2009. 政府管理中的双重领导研究: 兼论当代中国的"条块关系" [J]. 东岳论丛 (3): 134-138.

庄贵阳, 周伟铎, 薄凡, 2017. 京津冀雾霾协同治理的理论基础与机制创新 [J]. 中国地质大学学报 (社会科学版), 17 (5): 10-17.

LIU L, XU Z, 2018. Collaborative governance: A potential approach to preventing violent demolition in China [J]. CITIES, 79: 26-36.

MU R, JIA J, LENG W, et al., 2018. What conditions, in combination, drive inter-organizational activities? Evidence from cooperation on environmental governance in nine urban agglomerations in China [J]. Sustainability, 10 (7): 2387.

TANG M, LUO X, YING W, 2022. Multi-level governance in the uneven integration of the city regions: Evidence of the Shanghai city region, China [J]. Habitat international, 121: 102518.

XU J, YEH A G O, 2013. Interjurisdictional cooperation through bargaining: The case of the Guangzhou-Zhuhai railway in the Pearl River Delta, China [J]. The China quarterly, 213: 130−151.

附录

表A　成渝地区双城经济圈绿色协同发展政策文本

序号	时期	名称	选段	发布部门	发布时间
1	成渝经济区时期（2011—2015年）	《国家发展改革委关于印发成渝经济区区域规划的通知》	第八章	国家发展改革委	2011.5
2		《四川省人民政府关于贯彻成渝经济区区域规划的实施意见》	第二章第六节	四川省人民政府	2011.9
3		《四川省人民政府办公厅关于印发贯彻实施成渝经济区区域规划具体责任分工方案的通知》	第六章	四川省人民政府办公厅	2011.9
4		《国家发展改革委关于川渝合作示范区（广安片区）建设总体方案的批复》	第六章	国家发展改革委	2012.11
5		《四川省人民政府关于支持川渝合作示范区（广安片区）建设的实施意见》	第二章第六节	四川省人民政府	2013.6
6		《广安市人民政府办公室关于印发2013年度广渝合作计划的通知》	第十五条	广安市人民政府办公室	2013.9
7		《四川省人民政府办公厅关于印发2014年川渝合作示范区（广安片区）建设重点工作方案的通知》	第二章第三节、第三章第五节	四川省人民政府办公厅	2014.6
8		《四川省人民政府办公厅关于印发成渝经济区成都城市群发展规划（2014—2020年）和南部城市群发展规划（2014—2020年）的通知》	第七章第三节、第十章第五节；第七章第五节	四川省人民政府办公厅	2014.6
9		《广安市人民政府办公室关于贯彻落实2014年川渝合作示范区（广安片区）建设重点工作方案的通知》	第四、五条	广安市人民政府办公室	2014.7
10		《自贡市人民政府办公室印发〈成渝城市群大气污染防治综合督查情况通报涉及问题整改实施方案〉的通知》	全文	自贡市人民政府办公室	2015.3
11		《四川省人民政府办公厅关于印发2015年川渝合作示范区（广安片区）建设重点工作方案的通知》	第六章	四川省人民政府办公厅	2015.4

表A(续)

序号	时期	名称	选段	发布部门	发布时间
12		《国家发展改革委、住房城乡建设部关于印发成渝城市群发展规划的通知》	第六章	国家发展改革委、住房城乡建设部	2016.4
13		《四川省人民政府办公厅关于印发2016年川渝合作示范区(广安片区)建设重点工作方案的通知》	第六章	四川省人民政府办公厅	2016.7
14		《广安市人民政府办公室关于印发2016年川渝合作示范区(广安片区)建设重点工作方案的通知》	第六章	广安市人民政府办公室	2016.8
15		《宜宾市人民政府办公室关于印发〈宜宾市贯彻落实成渝城市群发展规划实施方案〉的通知》	第四章	宜宾市人民政府办公室	2016.12
16	成渝城市群时期(2016—2019年)	《四川省人民政府办公厅关于印发2017年川渝合作示范区(广安片区)建设重点工作方案的通知》	第四章	四川省人民政府办公厅	2017.4
17		《广安市人民政府办公室关于印发2017年川渝合作示范区(广安片区)建设重点工作任务的通知》	第四章	广安市人民政府办公室	2017.6
18		《四川省人民政府办公厅关于印发2018年川渝合作示范区(广安片区)建设重点工作方案的通知》	第五章	四川省人民政府办公厅	2018.4
19		《广安市人民政府办公室关于印发2018年川渝合作示范区(广安片区)建设重点工作任务的通知》	第五章	广安市人民政府办公室	2018.6
20		《重庆市人民政府、四川省人民政府关于印发深化川渝合作深入推动长江经济带发展行动计划(2018-2022年)的通知》	第一章	重庆市人民政府、四川省人民政府	2018.6
21		《重庆市江津区人民政府办公室关于印发江津区深化川渝合作深入推动长江经济带发展工作方案的通知》	第二章第一节	重庆市江津区人民政府办公室	2018.12
22		《四川省人民政府关于印发〈成都平原经济区"十三五"发展规划(2018年修订)〉等5个规划的通知》	第十章;第八章;第九章	四川省人民政府	2019.1
23		《广安市人民政府办公室关于印发川渝合作示范区(广安片区)2019年度合作计划的通知》	第二十九至三十五条	广安市人民政府办公室	2019.4
24		《重庆市永川区人民政府办公室关于印发永川区深入推动成渝城市群建设工作方案的通知》	第二章第一节	重庆市永川区人民政府办公室	2019.4

表A(续)

序号	时期	名称	选段	发布部门	发布时间
25		《重庆市大足区人民政府、四川省遂宁市安居区人民政府、四川省资阳市安岳县人民政府、重庆市璧山区人民政府、四川省简阳市人民政府、四川省隆昌市人民政府、四川省成都市龙泉驿区人民政府、四川省资阳市乐至县人民政府、重庆市荣昌区人民政府、重庆市铜梁区人民政府、重庆市潼南区人民政府、重庆市永川区人民政府关于印发〈成渝轴线区（市）县协同发展联盟2019年重点工作方案〉的通知》	第一章第一节	重庆市大足区人民政府、四川省遂宁市安居区人民政府、四川省资阳市安岳县人民政府、重庆市璧山区人民政府、四川省简阳市人民政府、四川省隆昌市人民政府、四川省成都市龙泉驿区人民政府、四川省资阳市乐至县人民政府、重庆市荣昌区人民政府、重庆市铜梁区人民政府、重庆市潼南区人民政府、重庆市永川区人民政府	2019.7
26	成渝地区双城经济圈时期（2020年至今）	《绵阳市人民政府、重庆市北碚区人民政府关于印发推动成渝区双城经济圈建设合作三年行动计划（2020—2022年）的通知》	第八章	绵阳市人民政府、重庆市北碚区人民政府	2020.6
27		《中共四川省委关于深入贯彻习近平总书记重要讲话精神加快推动成渝地区双城经济圈建设的决定》	第三章第十二节	中共四川省委	2020.7
28		《重庆市渝北区人民政府办公室关于印发渝北区贯彻落实成渝地区双城经济圈建设实施方案的通知》（推进生态环境联防联治联控行动方案）	第六章、附件五	重庆市渝北区人民政府办公室	2020.7
29		《重庆市人民政府办公厅、四川省人民政府办公厅关于印发川渝毗邻地区合作共建区域发展功能平台推进方案的通知》	第三章第九节	重庆市人民政府办公厅、四川省人民政府办公厅	2020.7
30		《重庆市开州区人民政府办公室关于印发创建万达开川渝统筹发展示范区工作方案和创建万达开川渝统筹发展示范区2020年重点任务分解方案的通知》	第四十一至第五十四条	重庆市开州区人民政府办公室	2020.8
31		《交通运输部关于四川省开展成渝地区双城经济圈交通一体化发展等交通强国建设试点工作的意见》	第三章	交通运输部	2020.1
32		《四川省发展改革委、重庆市发展改革委关于印发〈遂潼川渝毗邻地区一体化发展先行区总体方案〉的通知》	第四章第三节	四川省发展改革委、重庆市发展改革委	2020.12
33		《四川省发展改革委、重庆市发展改革委关于印发〈川渝高竹新区总体方案〉的通知》	第四章第五节	四川省发展改革委、重庆市发展改革委	2020.12

表A(续)

序号	时期	名称	选段	发布部门	发布时间
34		《国家发展改革委、交通运输部关于印发〈成渝地区双城经济圈综合交通运输发展规划〉的通知》	第七章第一节	国家发展改革委、交通运输部	2021.6
35		《四川省人民政府关于印发〈成都平原经济区"十四五"一体化发展规划〉等5个规划的通知》	第十章;第九章;第八章	四川省人民政府	2021.6
36		《重庆市规划和自然资源局、四川省自然资源厅关于推进成渝地区双城经济圈建设共同开展国土空间生态修复工作的实施意见》	全文	重庆市规划和自然资源局、四川省自然资源厅	2021.6
37		《四川省生态环境厅关于印发〈成德眉资同城化发展生态环境保护规划〉的通知》	全文	四川省生态环境厅	2021.8
38		《中共中央、国务院印发〈成渝地区双城经济圈建设规划纲要〉》	第八章	中共中央、国务院	2021.1
39		《四川省发展改革委关于印发〈内江自贡同城化发展总体方案〉的通知》	第四章第四节	四川省发展改革委	2021.1
40		《四川省发展改革委、重庆市发展改革委关于印发〈泸永江融合发展示范区总体方案〉的通知》	第四章第四节	四川省发展改革委、重庆市发展改革委	2021.11
41		《重庆市发展改革委、四川省发展改革委关于印发〈明月山绿色发展示范带总体方案〉的通知》	全文	重庆市发展改革委、四川省发展改革委	2021.11
42		《四川省人民政府办公厅、重庆市人民政府办公厅关于印发〈成渝现代高效特色农业带建设规划〉的通知》	第三章第五节	四川省人民政府办公厅、重庆市人民政府办公厅	2021.11
43		《四川省嘉陵江流域生态环境保护条例》	全文	四川省人民代表大会常务委员会	2021.11
44		《重庆市人民代表大会常务委员会关于加强嘉陵江流域水生态环境协同保护的决定》	全文	重庆市人民代表大会常务委员会	2021.11
45		《四川省人民政府关于印发〈成都都市圈发展规划〉的通知》	第九章	四川省人民政府	2021.11
46		《国家发展改革委关于印发〈成渝地区双城经济圈多层次轨道交通规划〉的通知》	第五章第六节	国家发展改革委	2021.12
47		《中国人民银行、国家发展改革委、财政部、银保监会、证监会、国家外汇管理局、重庆市人民政府、四川省人民政府关于印发〈成渝共建西部金融中心规划〉的通知》	第二章第三节第十一条	中国人民银行、国家发展改革委、财政部、银保监会、证监会、国家外汇管理局、重庆市人民政府、四川省人民政府	2021.12
48		《德阳市人民政府关于印发〈德阳市推进成德同城化发展"十四五"规划〉的通知》	第九章	德阳市人民政府	2021.12

序号	时期	名称	选段	发布部门	发布时间
49		《重庆四川两省市印发贯彻落实〈成渝地区双城经济圈建设规划纲要〉联合实施方案》	第六章	中共重庆市委、中共四川省委、重庆市人民政府、四川省人民政府	2021.12
50		《重庆市农村人居环境整治工作领导小组办公室、中共四川省委农村人居环境整治和乡村建设专项工作领导小组办公室关于印发〈成渝地区双城经济圈美丽巴蜀宜居乡村示范带先行区建设规划〉的通知》	第四章第二节	重庆市农村人居环境整治工作领导小组办公室、中共四川省委农村人居环境整治和乡村建设专项工作领导小组办公室	2021.12
51		《遂宁市人民政府办公室关于印发〈渝遂绵优质蔬菜生产带建设遂宁市实施方案〉的通知》	第四章第一节第四条	遂宁市人民政府办公室	2022.1
52		《重庆市发展改革委、四川省发展改革委关于印发〈合广长协同发展示范区总体方案〉的通知》	第四章第四节	重庆市发展改革委、四川省发展改革委	2022.1
53		《重庆市发展改革委、四川省发展改革委关于印发〈城宣万革命老区振兴发展示范区总体方案〉的通知》	第三章第五节	重庆市发展改革委、四川省发展改革委	2022.1
54		《生态环境部、国家发展改革委、重庆市人民政府、四川省人民政府关于印发〈成渝地区双城经济圈生态环境保护规划〉的通知》	全文	生态环境部、国家发展改革委、重庆市人民政府、四川省人民政府	2022.2
55		《重庆市人民政府办公厅、四川省人民政府办公厅关于印发成渝地区双城经济圈碳达峰碳中和联合行动方案的通知》	全文	重庆市人民政府办公厅、四川省人民政府办公厅	2022.2
56		《四川省发展改革委关于印发〈成德眉资同城化综合试验区总体方案〉的通知》	第二章第七节	四川省发展改革委	2022.3
57		《重庆市永川区人民政府办公室关于印发推动成渝地区双城经济圈现代制造业基地建设重点专项工程实施方案的通知》	《重庆市永川区制造业绿色低碳转型工程实施方案》	重庆市永川区人民政府办公室	2022.4
58		《重庆市永川区人民政府关于印发重庆市永川区成渝地区双城经济圈现代制造业基地建设"十四五"规划（修订）的通知》	第五章第四节	永川区人民政府	2022.4
59		《重庆市江津区人民政府办公室关于印发江津区贯彻落实〈成渝地区双城经济圈碳达峰碳中和联合行动方案〉的行动方案的通知》	全文	重庆市江津区人民政府办公室	2022.4
60		《四川省发展改革委关于印发〈沱江绿色发展经济带建设总体方案〉的通知》	全文	四川省发展改革委	2022.4
61		《四川省人民政府办公厅、重庆市人民政府办公厅关于推进成渝地区双城经济圈"无废城市"共建的指导意见》	全文	四川省人民政府办公厅、重庆市人民政府办公厅	2022.6

表A(续)

序号	时期	名称	选段	发布部门	发布时间
62		《四川省人民政府办公厅关于印发〈四川省加强成渝地区双城经济圈交通基础设施建设规划〉的通知》	第九章	四川省人民政府办公厅	2022.6
63		《重庆市人民政府办公厅、四川省人民政府办公厅关于印发共建长江上游航运中心实施方案的通知》	第三章第五节	重庆市人民政府办公厅、四川省人民政府办公厅	2022.7
64		《重庆市人民政府、四川省人民政府关于印发重庆都市圈发展规划的通知》	第八章	重庆市人民政府、四川省人民政府	2022.8
65		《重庆市人民政府办公厅、四川省人民政府办公厅关于印发推动川渝能源绿色低碳高质量发展协同行动方案的通知》	全文	重庆市人民政府办公厅、四川省人民政府办公厅	2022.8
66		《中国银保监会四川监管局、中国银保监会重庆监管局关于推动四川重庆市银行业保险业高质量发展更好服务于成渝地区双城经济圈建设的意见》	第二章第一节第六条	中国银保监会四川监管局、中国银保监会重庆监管局	2022.9
67		《南充市人民政府关于印发〈南充市融入成渝地区双城经济圈发展规划（2021—2025年）〉的通知》	第八章	南充市人民政府	2022.9
68		《四川省生态环境厅、四川省发展改革委关于印发〈四川省推动成渝地区双城经济圈建设生态环境保护专项规划〉的通知》	全文	四川省生态环境厅、四川省发展改革委	2022.9
69		《国家邮政局关于印发〈成渝地区双城经济圈邮政业发展规划〉的通知》	第三章第五节	国家邮政局	2022.11
70		《重庆市万州区人民政府办公室、四川省达州市人民政府办公室、重庆市开州区人民政府办公室关于印发推进万达开地区统筹发展经济区与行政区适度分离改革若干措施的通知》	第五章第十八条	重庆市万州区人民政府办公室、四川省达州市人民政府办公室、重庆市开州区人民政府办公室	2022.12
71		《重庆市人民政府办公厅、四川省人民政府办公厅关于印发成渝共建西部金融中心规划联合实施细则的通知》	第三章第十一条	重庆市人民政府办公厅、四川省人民政府办公厅	2022.12
72		《内江市人民政府、自贡市人民政府关于印发〈内江自贡同城化发展规划〉的通知》	第六章	内江市人民政府、自贡市人民政府	2022.12

表 B　成渝地区双城经济圈绿色协同发展府际协议

序号	时期	名称	发布部门	发布年月
1	西部大开发时期（2006—2010年）	《川渝地区环境保护合作协定》	四川省环境保护局、重庆市环境保护局	2006.12
2	成渝经济区时期（2011—2015年）	《战略合作协议》	四川省遥感信息测绘院、重庆市国土资源和房屋勘测规划院	2012.7
3		《战略合作协议》	重庆市环保局、成都市环保局	2013.1
4		《渠江流域气象应急管理联动协作协议》	广安市华蓥市气象局、合川区气象局	2013.12
5	成渝城市群时期（2016—2019年）	《长江川渝边界河段采砂监管协作联动协议》	四川省水利厅、重庆市水利局	2016.3
6		《2015成渝经济区地理国情公报》	四川省第三测绘工程院、重庆市地理信息中心	2016.8
7		《共建长江上游生态屏障示范区倡议书》	广安市邻水县人民政府、渝北区人民政府、长寿区人民政府、垫江县人民政府	2016.11
8		《关于建立长江上游地区省际协商合作机制的协议》	重庆市人民政府、四川省人民政府、云南省人民政府、贵州省人民政府	2016.12
9		《南溪河联合治理行动合作协议》	合川区二郎镇、燕窝镇、三庙镇、古楼镇、龙凤镇，广安市武胜县万隆镇、清平镇人民政府	2017.5
10		《川渝两省市跨界河流联防联控合作协议》	四川省河长制办公室、重庆市河长办公室	2018.6
11		《共同推进长江上游生态环境保护合作协议》	四川省生态环境厅、重庆市生态环境局	2018.7
12		《长江上游四省市2018年生态环境联防联控重点工作方案》	重庆市人民政府、四川省人民政府、云南省人民政府、贵州省人民政府	2018.7
13		《联合共治渔箭河框架协议》	内江市人民政府、荣昌区人民政府	2018.7
14		《跨区县界河流联防联控合作协议》	广安市邻水县河长制办公室、长寿区河长制办公室	2018.10
15		《林业有害生物联防联治合作协议书》	达州市大竹县林业局、广安市邻水县林业局、广安市武胜县林业局、广安市华蓥市林业局、垫江县林业局、渝北区林业局、长寿区林业局、万州区林业局	2018.10
16		《重庆市 四川省危险废物跨省市转移合作协议》	四川省生态环境厅、重庆市生态环境局	2018.11
17		《河长制领域战略合作框架协议》	遂宁市河长办、资阳市河长办、潼南区河长办、铜梁区河长办	2018.11
18		《濑溪河流域环境保护联动协议》	泸州市环境保护局、荣昌区环境保护局	2019.3
19		《推进成渝城市群生态环境联防联治2019年重点工作方案》	四川省生态环境厅、重庆市生态环境局	2019.7

序号	时期	名称	发布部门	发布年月
20		《深化规划和自然资源领域合作助推成渝城市群一体化发展协议》	四川省自然资源厅、重庆市规划和自然资源局	2019.7
21		《突发环境事件联防联控合作协议》	四川省生态环境厅、重庆市生态环境局	2019.1
22		《川渝(渝邻)合作森林防火联防协议》	广安市邻水县林业局、渝北区林业局、长寿区林业局、垫江县林业局	2019.11
23		《塘河流域环境保护联动协议》	泸州市生态环境局、江津区生态环境局	2019.11
24		《三方战略合作协议》	四川测绘地理信息局、国家自然资源督察武汉局、自然资源部重庆测绘院	2020.1
25		《关于推动遂潼生态环境保护一体化发展协议》	遂宁市生态环境局、潼南区生态环境局	2020.3
26		《跨界河流联防联控框架协议》	潼南区水利局、遂宁市水利局	2020.3
27		《关于推动遂潼规划和自然资源管理一体化发展的协议》	遂宁市自然资源和规划局、潼南区规划和自然资源局	2020.3
28		《深化川渝两地大气污染联合防治协议》	四川省生态环境厅、重庆市生态环境局	2020.4
29		《危险废物跨省市转移"白名单"合作机制》	四川省生态环境厅、重庆市生态环境局	2020.4
30		《联合执法工作机制》	四川省生态环境厅、重庆市生态环境局	2020.4
31		合作协议	资阳市气象局、大足区气象局	2020.4
32	成渝地区双城经济圈时期(2020年至今)	《战略合作框架协议》	成都市公园城市植物科学研究院、重庆市风景园林科学研究院	2020.4
33		《生态环境保护协同发展合作框架协议》	绵阳市生态环境局、北碚区生态环境局	2020.4
34		《共建明月山绿色发展示范带合作协议》	广安市邻水县人民政府、达州市达川区人民政府、达州市大竹县人民政府、达州市开江县人民政府、梁平区人民政府、垫江县人民政府、	2020.4
35		《嘉陵江流域环境资源保护司法协作框架协议》	宝鸡市中院、汉中市中院、陇南市中院、广元市中院、南充市中院、绵阳市中院、遂宁市中院、巴中市中院、达州市中院、广安市中院、重庆一中院	2020.4
36		《"同饮一江水 共护母亲河"主题永泸两地"河小青"保护长江行动协议书》	共青团泸州市委、共青团永川区委	2020.4
37		《川渝跨界河流管理保护联合宣言》	四川省河长制办公室、重庆市河长办公室	2020.4
38		《深化川渝测绘地理信息合作 推进成渝地区双城经济圈建设协议》	四川测绘地理信息局、重庆市规划和自然资源局	2020.5
39		《共同推动成渝地区双城经济圈建设合作协议》	四川省气象局、重庆市气象局	2020.5

表B（续）

序号	时期	名称	发布部门	发布年月
40		《放射源安全监管跨区域合作协议》	四川省生态环境厅、重庆市生态环境局	2020.5
41		《安岳—潼南林业有害生物联防联治合作协议》	资阳市安岳县林业局、潼南区林业局	2020.5
42		《跨省流域上下游突发水污染事件联防联控机制》	四川省生态环境厅、四川省水利厅、重庆市生态环境局、重庆市水利局	2020.5
43		《成渝地区双城经济圈建设水利合作备忘录》	四川省水利厅、重庆市水利局	2020.5
44		《筑牢长江上游重要生态屏障助推成渝地区双城经济圈建设合作协议》	四川省林草局、重庆市林业局	2020.5
45		《深化规划和自然资源领域合作助推成渝地区双城经济圈建设合作协议》	四川省自然资源厅、重庆市规划和自然资源局	2020.5
46		《战略合作框架协议》	广安市水务局、重庆市水利电力建筑勘测设计研究院	2020.5
47		《大气污染联防联控工作协议》	内江市生态环境局、泸州市生态环境局、永川区生态环境局、荣昌区生态环境局	2020.5
48		《成渝地区双城经济圈环境资源审判协作框架协议》	四川省高级人民法院、重庆市高级人民法院	2020.6
49		《跨界河流（段）联防联控合作协议》	泸州市河长制办公室、永川区河长办公室	2020.6
50		《生态共建环境共保协议》	广安市生态环境局、合川区生态环境局	2020.6
51		《河长制领域战略合作框架协议》	资阳市安岳县水务局、大足区水利局	2020.6
52		《生态环境保护合作框架协议》	泸州市生态环境局、江津区生态环境局	2020.6
53		《生态环境保护合作框架协议》	泸州市生态环境局、永川区生态环境局	2020.6
54		《生态环境保护合作框架协议》	泸州市生态环境局、荣昌区生态环境局	2020.6
55		《合作框架协议》	成都理工大学、重庆市辐射环境监督管理站	2020.6
56		《联防联治协议书》	泸州市合江县自然资源和规划局、江津区林业局	2020.7
57		《川渝生态环境保护督察协调联动工作机制协议》	四川省生态环境厅、重庆市生态环境局	2020.7
58		《协调联动试点行动方案》	四川省生态环境厅、重庆市生态环境局	2020.7
59		《林业合作框架协议》	绵阳市林业局、北碚区林业局	2020.7
60		《川渝能源运行保障合作协议》	四川省经济和信息化厅、重庆市经济和信息化委员会	2020.7

表B(续)

序号	时期	名称	发布部门	发布年月
61		《共同推动成渝地区双城经济圈能源一体化高质量发展合作协议》	四川省发改委、四川省能源局、重庆市发展改革委、重庆市能源局	2020.7
62		《战略合作协议》	重庆市生态环境局、成都市生态环境局	2020.7
63		《林业领域合作协议》	遂宁市林业局、潼南区林业局	2020.7
64		《"生态共建 环境共保"合作协议》	成都市温江区生态环境局、巴南区生态环境局	2020.8
65		《川渝两地重大林业有害生物联防联治合作协议》	四川省林草局、重庆市林业局	2020.8
66		《深化川渝两地水生态环境共建共保协议》	四川省生态环境厅、重庆市生态环境局	2020.9
67		《铜钵河流域水生态环境保护联防联治协议》	达州市人民政府、梁平区人民政府	2020.9
68		《友好合作框架协议》	成都市青羊区生态环境局、渝中区生态环境局	2020.9
69		《环境资源审判协作框架协议》	重庆市高级人民法院、四川省高级人民法院、贵州省高级人民法院、云南省高级人民法院	2020.9
70		《深化规划自然资源领域合作助推成渝地区双城经济圈建设框架协议》	自贡市自然资源和规划局、永川区规划和自然资源局	2020.9
71		《结对共建成渝双城经济圈生态环境保护合作协议》	成都市新都区生态环境局、九龙坡区生态环境局	2020.10
72		《协同推进成渝双城经济圈生态环境保护合作协议》	成都市成华生态环境局、九龙坡区生态环境局	2020.10
73		《生态环境保护协同发展合作协议》	资阳市乐至生态环境局、璧山区生态环境局	2020.10
74		《跨界河流联防联控合作协议》	内江市水利局、荣昌区水利局	2020.10
75		《共同推动成渝地区双城经济圈建设气象合作协议》	南川区气象局、成都市都江堰市气象局	2020.10
76		《保护地建设合作框架协议》	大熊猫国家公园绵阳管理分局、重庆缙云山国家级自然保护区管理局	2020.10
77		《保护濑溪河流域生态环境合作备忘录》	泸州市政协、内江市政协、内江市隆昌市政协、泸州市泸县政协、泸州市龙马潭区政协、大足区政协、荣昌区政协	2020.11
78		《推进成渝地区双城经济圈共建"无废城市"合作协议》	四川省生态环境厅、重庆市生态环境局	2020.11
79		《战略合作协议》	四川省生态环境科学研究院、重庆市生态环境科学研究院	2020.11
80		《深化川渝两地生态环境监测合作协议》	四川省生态环境厅、重庆市生态环境局	2020.11

表B（续）

序号	时期	名称	发布部门	发布年月
81		《深化川渝两地生态环境标准协同合作协议》	四川省生态环境厅、重庆市生态环境局	2020.11
82		《关于建立长江经济带上游四省市危险废物联防联控机制协议》	贵州省生态环境厅、四川省生态环境厅、云南省生态环境厅、重庆市生态环境厅	2020.11
83		《四省市危险废物跨省市转移"白名单"合作机制》	贵州省生态环境厅、四川省生态环境厅、云南省生态环境厅、重庆市生态环境厅	2020.11
84		《生态环境保护合作框架协议》	内江市生态环境局、荣昌区生态环境局	2020.11
85		《成渝地区双城经济圈建设生态环境领域合作协议》	宜宾市生态环境局、涪陵区生态环境局	2020.11
86		《推动成渝地区双城经济圈建设气象合作协议》	自贡市气象局、綦江区气象局	2020.11
87		《共同推动川渝气候经济发展合作协议》	四川省气象局、重庆市气象局	2020.11
88		《长江流域川渝横向生态保护补偿协议》	四川省人民政府、重庆市人民政府	2020.12
89		《关于联合开展"川渝水文化"研究合作框架协议》	四川省水利厅、重庆市水利局	2020.12
90		《双城经济圈林场种苗合作协议》	四川省林草局林场种苗处（站）、重庆市林木种苗站	2020.12
91		《万达开川渝统筹发展示范区气象部门战略合作协议》	达州市气象局、万州区气象局、开州区气象局、梁平区气象局、城口县气象局	2020.12
92		《生态共保污染共治协同发展合作协议》	自贡市生态环境局、江津区生态环境局	2020.12
93		《森林火灾案件侦查警务合作协议》	达州市开江县公安局、开州区公安局	2020.12
94		《长江流域川渝横向生态保护补偿实施方案》	四川省财政厅、重庆市财政局	2020.12
95		《加强水利共建共治服务双城经济圈建设合作协议》	广安市邻水县水务局、垫江县水利局	2021.1
96		《涪江流域河长制领域跨界合作协议》	遂宁市船山区河长办、潼南区河长办	2021.1
97		《协同推进成渝地区双城经济圈建设提升生态环境治理体系和治理能力现代化合作协议》	成都高新区生态环境城管局、重庆高新区生态环境局	2021.3
98		《加强水利共建共治共享服务成渝地区双城经济圈建设合作协议》	广安市邻水县水务局、长寿区水利局	2021.3
99		《生态共建环境共保合作协议》	达州市大竹生态环境局、垫江县生态环境局	2021.3
100		《"长江禁捕打非断链"跨区域执法合作协议》	绵阳市市场监管局、遂宁市市场监管局、北碚区市场监管局	2021.4

表B（续）

序号	时期	名称	发布部门	发布年月
101		《长江上游珍稀特有鱼类国家级自然保护区川渝司法协作生态保护基地框架协议》	重庆市第五中级人民法院、泸州市中级人民法院、江津区人民法院、泸州市合江县人民法院、江津区石蟆镇人民政府	2021.4
102		《合作协议》	资阳市气象局、大足区气象局	2021.4
103		《生态环境保护合作框架协议》	乐山市生态环境局、大足区生态环境局	2021.4
104		《成渝双城经济圈大气污染防治攻关联合中心战略合作协议》	四川省生态环境科学研究院、重庆市生态环境科学研究院	2021.4
105		《合作协议》	重庆市林科院、四川宜宾林竹产业研究院	2021.5
106		《华蓥山交界区域森林防灭火联防协议书》	广安市华蓥市自然资源和林业局、合川区林业局、渝北区林业局	2021.5
107		《遂潼两地长江交界水域禁渔打非及农产品质量安全执法检查联动协作协议》	遂宁市市场监管局、潼南区市场监管局	2021.5
108		《战略合作协议》	四川省环境保护产业协会、重庆市环境保护产业协会	2021.5
109		《成渝地区双城经济圈水旱灾害防御信息共享和通报制度备忘录》	四川省水利厅、重庆市水利局	2021.5
110		《协同推进成渝地区双城经济圈生态环境保护合作协议》	成都市武侯区生态环境局、沙坪坝区生态环境局	2021.5
111		《协同推进成渝地区双城经济圈生态环境保护合作协议》	成都市青羊区生态环境局、江北区生态环境局	2021.5
112		《川渝两地自然保护地保护管理合作协议》	四川省林业和草原局、重庆市林业局	2021.6
113		《龙溪河流域联防联控合作协议》	泸州市人民政府、永川区人民政府	2021.7
114		《跨界水域"十年禁渔"联合执法协作机制协议》	达州市大竹县人民政府、梁平区人民政府	2021.7
115		《重大林业有害生物联防联治合作协议》	遂宁市林业局、潼南区林业局	2021.7
116		《成渝两地生态环境政策规划协同创新体系建设战略合作协议》	四川省环境政策研究与规划院、重庆市生态环境科学研究院	2021.7
117		《全面推行河长制工作联防联控合作协议书》	资阳市安岳县忠义镇人民政府、大足区高升镇人民政府	2021.7
118		《河长制防联联控合作协议》	达州市河长办、万州区河长办、开州区河长办	2021.9
119		《"共建共享、合作互惠"合作协议》	广安市水文局、长寿区水利局	2021.9
120		《铜梁-遂宁林草种苗产业协同发展合作意向协议》	遂宁市林业局、铜梁区林业局	2021.9
121		《助推大清流河保护合作协议》	资阳市安岳县政协、内江市东兴区政协、荣昌区政协	2021.10
122		《涪江、琼江流域水文信息互联互通合作协议》	遂宁水文水资源勘测局、重庆市水利局水文与防御处、重庆市水文监测总站	2021.10

表B(续)

序号	时期	名称	发布部门	发布年月
123		《关于建立区域环境准入协商机制合作协议》	四川省生态环境厅、重庆市生态环境局	2021.10
124		《应对气候变化合作框架协议》	四川省生态环境厅、重庆市生态环境局	2021.10
125		《联合开展打击市场销售长江流域非法捕捞渔获物行动区域执法合作协议》	泸州市市场监管局、江津区市场监管局	2021.10
126		《生态和资源保护公益诉讼跨区域协作协议》	内江市隆昌市人民检察院、荣昌区人民检察院	2021.12
127		《成渝地区双城经济圈林业和草原行政执法合作协议》	四川省林草局、重庆市林业局	2022.1
128		《龙溪河、大陆溪河跨界河流水污染联防联控合作协议》	泸州市泸县立石镇人民政府、永川区吉安镇人民政府	2022.1
129		《云南省、贵州省、四川省、重庆市、西藏自治区森林草原防火联防联控合作协议》	云南省林草局、贵州林业局、四川省林草局、重庆市林业局、西藏自治区林草局	2022.2
130		《框架协议》	绵阳市市生态环境局、北京大学、重庆大数据研究院	2022.4
131		《重大林业有害生物联防联治合作协议》	遂宁市林业局、潼南区林业局	2022.6
132		《保护濑溪河流域生态环境合作协议》	泸州市政协、内江市政协、内江市隆昌市政协、泸州市泸县政协、泸州市龙马潭区政协、大足区政协、荣昌区政协	2022.6
133		《推动成渝地区双城经济圈建设气象保障服务战略合作协议》	南充市气象局、黔江区气象局	2022.6
134		《生态共建环境共保合作协议》	达州市开江县生态环境局、梁平区生态环境局	2022.7
135		《防汛抗旱联防联动联控协议》	广安市邻水县水利局、渝北区水利局	2022.8
136		《结对共建成渝双城经济圈生态环境保护合作协议》	成都市龙泉驿区生态环境局、南岸区生态环境局	2022.8